税務調査と節税対策

経営者の方
是非読んで
ください

税務署は見ています
正しい申告と正しい節税で
会社を発展させましょう

経営者の方　是非読んでください

税務調査と節税対策

はじめに

この本は、個人事業主や中小企業の経営者、会社を設立したての人に読んでいただきたい内容になっています。**まだ税務調査を受けたことのない人、節税対策など考えたことのない人を中心として書きました。**少しでも参考になればと思っています。

「税務調査」の項目は、私の三十七年間の国税の職場で経験したことなどが中心になっています。**読んで、興味がないと思われた人は「節税対策」の項目に移ってください。**

事業を始めたばかりの人にとって、税務署とはどんなところなのか、税務署の調査はどのように行われるのか、などと心配になる人もいると思います。税務署は怖いところ、税務署の調査を受けると必ず税金を取られてしまう。悪いことは何もしてないのに、なぜ、税務署は調査に来るのだろう、と不安になる人は多いと思います。

いままでサラリーマンだった人が、フリーランスとして起業し、開業の仕方を税務署に行って聞くと詳しく教えてくれた。サラリーマン時代に、医療費控除で税務署に行くと、丁寧に教えてくれて○○万円税金がもどります、と親切だった。

ところが、**個人として事業を行い正しく確定申告したのに、税務署から調査に来ると連絡があり、必ず税金を取っていく。**税務署の人は、優しいのか怖いのか、私たち市民の味方なのか敵なのか、と思う人は多いと思います。

税務署の職員も人の子、皆さんと同じものを食べ、同じように眠ります。ただ、仕事が違うだけ。**納税者の懐に手を入れて税金を取る。お金は、命の次に大切なもの、懐の中のお金は、人に見せたくない、こっそりと自分の懐にしまっておきたいものです。**

人に知られたくないもの、自分の心の中にしまっておきたいもの、誰にだってあります。だからこそ、税務署の仕事や調査官の調査を知れば何も怖くないはずです。「**敵を知れば百戦危うからず**」という言葉もあります。

さて、私の経験を中心に書きますが、実際の体験をストレートに書くことは、守秘義務違反になるため、若干変えている点がありますのでご了承ください。

第Ⅱ章　節税対策

【法人の節税対策】……137

第Ⅲ章　資金繰りで会社拡大

第I章　税務調査

国税の組織

国税の組織は、国税庁の下に十一の国税局と沖縄事務所があり、その下に全国五二四の税務署があります。東京国税局の管轄区域は、東京都、千葉県、神奈川県、山梨県の一都三県八十四の税務署があります。

国税局と税務署

国税局と税務署の関係は、国税局で年間の事務計画・方針を定め、その計画・方針に従い**各税務署は、中告、相談、広報、調査等の事務運営を行います。**

日本は中告納税制度であるため、事業で得た所得から納税者本人が税金の計算をして税務署に申告書を提出します。**提出された申告書で不審な点のあるものに調査が行われます。**

税務署で調査ができない大規模な個人・法人は国税局での対応となります。

【国税組織】

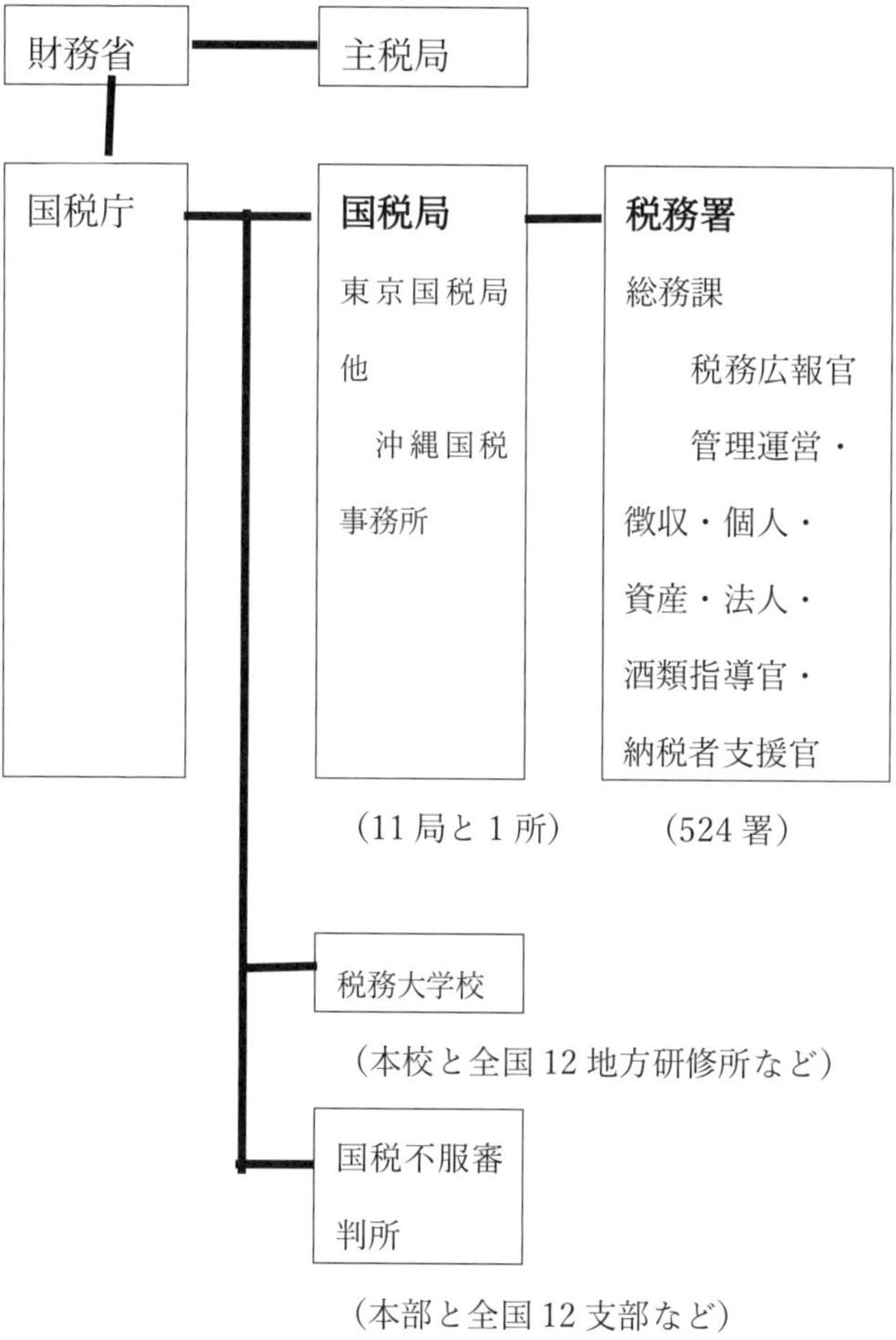

【国税庁レポート2021】

【税務署の調査】

公平な課税をしなければなりません
申告納税制度は本人が税金を計算する
納税者は文句を言わず税金を納めている

税務調査の目的

税務調査の目的は、「適性・公平な課税の実現」を行うこと、と昔から言われています。適性かつ公平な課税ができれば税務調査は必要ありません。

申告納税制度を行っているのですから、納税者は自分で税金を計算して、正しく納税する。

申告の仕方が分からない人に対して、税務署に相談に来署されれば申告書の書き方をアドバイスする、という方針で税務行政は運営されています。

【税金を率先して納付する人は少ない】

しかし、これは建前であって、率先して喜んで税金を納める人はいないでしょう。昨年より税額が多くなった、何とか少なくならないか、そのように思うのが人の心理です。自分の出身学校や東日本大震災、能登半島地震のように、地域の震災の起きた自治体には自ら寄付しますが、税金となると納めることを渋ります。

もし寄付と同じように、税金も納めても納めなくても良いとなれば、ほぼ全ての国民は税金を納めないでしょう。**憲法には税金は国民の義務、税金を納めなければならないと定められています。**

【税金は正しく計算して正しく納付するものですが……】

昨年の税金と比べて財布の中を見て、これくらいなら納められると言う認識のもと税金を計算していることはないか。**もしも昨年の二倍以上の税金、または、財布の中は空っぽ、となったら計算通りの税金を納めるだろうか。**人の心の中は分かりません。

例えば、アパート経営者などは、修繕費が無ければ毎月の家賃収入が決まっていますから、昨年と同じくらいの税金となります。

しかし、経済は生き物です。**昨年と同じ税金になることはほとんどありません。売上が増えたり減ったり、特別な支出で大きな経費が発生したり、思わぬところから飛び込みの仕事が来たり、最終の所得額は変動します。**大きく黒字になったり赤字になったり。これが事業です。

経営者は、今年は黒字か赤字か、昨年より儲かったのか損したのか、ほぼ頭の中に入っています。そして半年先までの仕事も把握しています。

【私が税理士として独立した頃】

私が独立して一人で会計事務所を営んでいる時、三月の確定申告が終わった頃には、六月までの仕事があり、その後十一月までの仕事の予定が入りました。

サラリーマン時代、仕事のあるなしなど、考えたことはありませんでした。事業を行うと、仕事があるのかないのか将来のことが気になります。

経営者は、常に仕事のことを考えている。得意先とゴルフをしている時も、二十四時間仕事のことを考えている、と若い頃上司から聞かされました。**現金預金はどれくらいあるのか、社員の給与は払えるのか、経営者は、事業のことが常に気になり頭から離れない**、と言われました。

調査官は、そのような経営者を相手に調査を行います。**仕事に対しては、調査官以上に専門家です。人生経験豊富な経営者を相手にする**わけですから、安易な気持で調査を行うことは失礼です。

【調査官も調査に苦労している】

調査官で調査の好きな人もいますが、調査をやりたくない人もいます。ただ、上司から調査に行ってこいと言われると、やりたくない調査事務に必死に取り組みます。そして調査で多額の申告漏れを把握するとひと安心します。

調査官は、追徴税を取ってもうれしいと思いません。調査にまじめに取り組んで坦々と行っているだけで追徴税は結果です。

多額の追徴税を把握した時は、なぜ、こんなに多額の申告漏れがあったのだろう、なぜ、この会社は不正行為を行ったのだろう、売上や経費をごまかして不正行為を行って得たお金はどこへ行ったのだろう、個人的な蓄財なのだろうか？　何に使ったのだろう、不正行為をする必要があったのだろうか、そんなことを考えます。

申告漏れと課税漏れ（やってはいけない不正行為）

【申告漏れは過少申告加算税・悪質な課税漏れは重加算税】

申告漏れと悪質な課税漏れは、大きな違いがあります。**申告漏れは、申告書の計算誤りや、法律の解釈誤りなど、納税者のうっかりミス、**などが対象となります、そのため**追徴税額に一〇％の過少申告加算税**が課されます。

ところが、**悪質な課税漏れ不正行為と言われるものは、税金を逃れるものであることから、やってはいけない行為です。**帳簿の改ざんや請求書や領収書の書き換えや偽造などは「**仮装・隠ぺい**」と言われます。

仮装行為は、架空の請求書を作成して架空の外注費を計上したり、領収書の改ざんで架空の飲食費を計上したりすることです。隠ぺい行為とは、売上の請求書を隠して帳簿に記載しないで売上除外を行うことです。

このような**不正行為、いわゆる脱税に対しては、追徴税額に三十五％の重加算税が課されます。**このような**不正行為を行うと、税務署に対する信頼を失います。**

【不正行為は税務署に目を付けられる】

調査官は、調査した案件に対して調査内容と調査結果を全て記録します。一度不正行為を行うと、三年後又は五年後に必ず調査があります。税務署はきちっと申告しているか、不正行為を行っていないかなど調べます。

税務署は、一度目を付けると放そうとしません。税務申告に対する税務署の不信感を取るためには、次の調査とその次の調査など数回の調査で、不正行為を行っていないと税務署に認めてもらわなければなりません。

調査の多い時期

税務署は一年中調査を行っているわけでなく、**二月と三月は確定申告の時期で一旦中断します。**この時期は個人所得税担当職員にかぎらず、法人税担当職員、相続税担当職員、徴収担当職員全員が確定申告事務にたずさわります。

税務署・国税局の人事異動は、七月です。したがって**税務署・国税局の調査は、七月の異動後から、夏休みを挟んで十二月までが最盛期となります。**

確定申告後、四月から調査開始となります。七月に人事異動がありますので、短期間に終了する案件の調査になりますが、七月までに終わらなければ、翌年度に延期し、そのまま本人が担当するか、後任者に引き継ぎます。

四月以降の調査はゆるいと言う人もいますが、決してそのようなことはありません。調査で厳しいとかゆるいとかの時期はありませんが、調査官によって能力の違いがありますので、調査の苦手な調査官が来た時は、ゆるいのかも知れません。

【確定申告の時期、調査は中断】

個人所得税は、一月から三月までが、確定申告事務が中心となり、四月から六月は、確定申告書の内容の検討や、七月以降の調査のための選定作業となります。確定申告で計算誤りなどの簡易な間違いは、四月になると納税者に連絡をして是正を依頼します。

法人税は、一月にも調査があります。二月十六日から三月十五日の間は、税理士が確定申告で忙しいことから、中断することが多いです。三月十六日から七月の人事異動までは、通常の調査になります。

ところで、中小企業の社長からは、「わが社のような小規模の会社ばかり調査しないで、大きな会社を徹底的に調査して欲しい」と言われることがあります。実は大法人ほど調査の割合が高く、三年から五年のサイクルで調査が行われています。

マスコミで、○○会社○億円の申告漏れと新聞報道されますが、それはごく一部であり、時代の話題になりそうな業種を報道しています。

最近では、インバウンド需要から○○デパート○億円の消費税もれ、○○会社の外国での取引で○億円の申告漏れなど、消費税や海外取引にかかる報道が多くなっています。

【任意調査と強制調査】

任意調査は予告調査と無予告調査があります
強制調査は裁判所の許可状で査察官が行います
納税者は国税の調査を受けなければならない

税務調査には、「任意調査」と「強制調査」の二つがあります。通常は任意調査です。

【任意調査】

納税者の了解を得て調査を行います。納税者は調査を拒むことはできませんが、延期することはできます。

調査官には、法律に定められた「質問検査権」
納税者には、「受忍義務」**があります。**

税務署の調査は、任意調査ですが、二つのやり方があります。

【予告調査】と**【無予告調査】**

一つは、事前に「○月○日に調査に伺いたいですが都合はどうでしょう」と、納税者に税理士がいれば税理士に連絡があります。これを「予告調査」と言います。

もう一つは、予告なしに抜き打ちに行う「無予告調査」があります。どちらの調査も納税者の同意が必要です。

【強制調査】

査察官が裁判所から許可状を得て調査を行います。したがって、**拒むことはできません。延期することもできません。**「マルサの調査」です。拒んでドアを開けないと、ドリルで穴をあけられてしまいます。もちろん逃げることもできません。国税局査察部での調査が終了すると「マルサの担当者」は、検察庁に告発します。

告発されると検察庁によって裁判にかけられます。後のことを考えると、悪いことをやったのであれば、素直に従った方が得策です。

調査は拒否できるのか

調査は拒否できませんが日程変更や延期はできます。例えば調査官から、○月○日に調査に行きます、と連絡があった場合、都合が悪ければ延期することができます。ただし半年や一年と先延ばしすると、調査拒否と見なされることがあります。

【当会計事務所でも三か月の調査延期を依頼しました】

最近では、**当会計事務所でも、税務署から調査の連絡がありましたが、代表者が病気であるため三か月延期しました。**税務署側もその点は素直に延期を認めました。代表者が病気であれば延期は当然のことであり、極端に仕事が忙しい時も延期は可能です。

特別な事情がない限り調査は受けなければなりません。

【調査官もサラリーマン仕事が厳しいだけ】

調査官は、上司から調査するように指示があります。上司は、誰にどの案件を指示したか克明に記録しています。指示をして、いつまでも調査に取り掛からないと、調査をしない理由を調査官に聞きます。調査官は指示を受けた案件は、特別な理由がない限り調査しなければなりません。

代表者が、病気であったり、仕事が忙しかったりして延期になった場合は、延期した理由を上司に報告します。上司は了解しますが、二～三か月すると、延期した案件はどうなったかと調査官に確認します。調査官は指示を受けた案件から逃げることはできません。

職場では、諦めない上司からとことん鍛えられるわけですから、調査官は自然と噛みついたら離れない性格になっていくのでしょう。**調査は逃げられないと思った方が良いと思います。**

【税務署にも誤りがある】

人が行うことにはミスはあります
本人が理解して納税しなければなりません
税法ははっきりした線引きができない

税務署の調査官も人です。誤りもあります。**いったん間違いを犯すと大ごとになるため、細心の注意を払っています。**

【入社早々の誤り】

私が一年目の時、ある経営者から銀行の融資を受けるのに必要な所得証明書六枚発行の依頼がありました。

昭和の時代は、カーボン紙を引いて所得金額を記載し発行していました。

六枚請求されたので、六枚のカーボン紙を引いて一気に所得金額を記載し、上司の決裁を受け発行しました。

数日後、経営者が来署し、「四～六枚目の数字が薄くて読めなかった。銀行に提出できなかったので責任を取って欲しい。静岡までの新幹線代と証明書三枚分一二〇〇円を払え」と。

窓口の対応は先輩職員が行い、その場は謝って無事終わりましたが、今の時代なら間違いなく賠償問題です。

【理解のある経理部長】

こんなこともありました。国税局調査部時代、企業の会社分割の問題で経理部長が国税局の電話相談室に質問し、その回答通りに申告した案件ですが、会社の提出した申告書に誤りがありました。経理部長は、電話相談室に二回相談し、二回とも同じ回答だから間違いはないとのこと。

しかしながら、取引内容を詳細に調べるとやはり間違っている。つまり、電話相談室の二人の相談官が同じように間違えた回答をしていました。

なぜ別々の二人が同じミスを犯すのだろうと考えました。この会社は上場会社で、有名な会社です。経理部長、経理担当者、国税ＯＢの税理士三人とも調査には協力的で、私の説明を真摯に聞いていています。

会社分割の理由、分割方法、分割後の事業内容など、細かく聞けば聞くほど一番ポイントとなる事業形態や分割後の説明がありませんでした。細かな部分を相談官の二人が聞いていません。質問内容を経理部長に聞くと、表面的で一般論的な部分しか質問していません。そうすると相談官の回答は一般論になってしまいます。質問内容と相談官の聞き方双方が足りませんでした。相談官が悪い経理部長が悪い、ではありません。

税務相談室は、納税者のための相談室です。質問の内容が難しくて、どのようにも解釈される場合があります。分からなければ国税局や税務署に臨場し、具体的な事例を説明し、納得するまで何度でも相談するなど、税務相談室を最大限に活用していただきたいと思います。

【予告調査】

調査官から調査予定の連絡があります
3年間の帳簿と書類の準備が必要です
赤字会社でも調査されることはあります

調査の仕方

調査の仕方には、決まった方法があるわけではありませんが、おもな流れとして**中小企業で売上一～五億規模の調査は二日、五～十億の場合は三日、または、調査官二人で二～三日など**です。

【現場での調査】

調査官は午前十時に会社に行きます。最初は会社概況の聞き取り、現金の確認、帳票類の保存状況や、経理担当者の業務内容、帳簿入力、決済締め日、従業員名簿等の確認を行います。

午後から、帳票類の確認、帳簿の記帳状況を調べますが、売上を検討する場合は、売上の受注はどのように行われているのか？　売上先から送られてくる受注表、ＦＡＸならその綴り、メールならパソコン内の記録、納品伝票、請求書綴り、パソコン内の送信記録などを調べます。つまり、**帳簿に記載されるまでの、原始記録や相手とのやり取りなどを調べます。**

【請求書・領収書などの生の書類がポイント】

仕入や外注費の原価項目の場合は、仕入先や外注先から来る請求書綴り、メール送信ならばパソコン内、外注先からの請求金額の見積書や計算書を調べます。

さらに、証票類の保管場所の確認、経理の机内やキャビネに保管の場合は、キャビネすべてを調べます。

調査官は、帳簿に記載されている売上、仕入、外注費の金額よりも、**帳簿に記載されるまでの過程を中心に調べます。帳簿は出来上がったものであり、帳簿を細かく見ることは**

ありません。なぜなら帳票類から帳簿への転記は間違いなく正しく行われているもので、問題は、帳票類がどのように作成されたかです。

【調査官が見たい書類】

調査官は、納税者が準備した帳簿は重要視していません。帳簿は出来上がった書類ですから、納税者の都合の悪いことは書いてありません。

調査官が見たい書類は、生の書類、実際の営業活動で会社が使っている原始資料です。原始資料を見ることによって、正しく記帳されているかが分かります。

簡単な例として、三月末に売上計上すべき商品が計上されてない場合は、棚卸に計上されているか、四月の売上となっているか、売上除外されているかです。このような取引の確認作業は、原始資料を見なければ判断がつきません。

特に決算期末では、利益が出たからと言って、**故意に売上を四月に繰り延べたり、商品の仕入れが四月にもかかわらず三月に繰り上げて仕入れたことにする場合があります。**

このようなことは「不正行為」です。やってはいけないことです。このような不正行為を見抜くには、帳簿を見ても分かりません。原始資料を見なければ分かりません。

【不正行為は重加算税がかけられる】

一番簡単に利益を圧縮する方法として、棚卸商品の除外があります。**棚卸商品を過少にすると、その分原価が増加し利益が圧縮されます。**この方法は企業内で一番簡単に出来るやり方です。棚卸商品が過少計上である場合、利益圧縮のために故意に行ったのか、うっかりミスで商品の数え間違いなのか、と判断の分かれるところです。所得圧縮のための不正行為であると重加算税の対象となります。

利益が出たからと言って、税金を納めたくないという理由で不正行為を行うと、その後に高いリスクが生じます。税務署ににらまれ、税務署との信頼関係がなくなり、この会社は税金を逃れる会社と判断されます。そうなると三～五年内に調査が行われます。

さらに、**不正行為を行った記録が十年二十年と残ります。**正しい申告をしても、過去に不正行為を行っていたと認識されます。このような不正行為は行ってはいけません。

調査対応の仕方

調査官に気を使っていろんなことを話す人がいますが、余計なことを話す必要はありません。調査官も聞いたことだけを答えてもらえればよく、余計なことまで話されても、その話を聞いている暇はありません。

「調査は、適度な協力」一番困るのが税理士です。世間話や業界の話など、余計な話でうるさい税理士もいます。かといって無視することはできません。「調査は、お互いの協力」の上で成り立っています。

何も話さず調査官を無視する社長は、調査に非協力と判断されます。また、調査官の言いなりになるのも良くありません。何でもかんでも、はい、はい、などと言っていたら調査官に甘く見られます。

調査官に甘く見られると、社長、経理担当者、親族の従業員などの机内はもちろん、金庫、キャビネ、ついには、社長の個人預金まで見せてくださいと言われます。

自宅が近ければ自宅の茶箪笥の中まで見せてくださいと言われますので、調査に協力するものの、適度に自尊心を持っていた方が良いです。**「調査対応は、紳士的に協力すれども言いなりにならない」ことです。**

【予定がある場合】

調査官から電話で調査を実施したい旨の連絡があります。社長あてに直接電話があるのが通常です。税理士が入っている場合は、直接税理士に連絡があります。調査は、納税者の了解を得てから行われますので、電話では、調査日の日程調整が行われます。

調査官から○○日に調査をお願いします、と言われても、**社長が忙しくすでに予定が入っていれば、後日に延期することもできます。**とはいえ、半年、一年先まで延期することはできません。一か月先が限度かなと思います。

調査初日

法人は二日間、個人は一日の日程が多いです。調査官は十時に来ます。午前中は、会社の概況、経理担当者はどのように帳簿を記載しているか、帳簿や帳票類はどこに保管しているか、現金管理は適正か、帳票類の現物確認や現金の残高確認も行います。

つまり「ガサ入れ」を行います。場合によっては、経理担当者と社長の机内も調べます。

調査官によりますが、初日の午後に売上、仕入、外注費、などを中心に調べます。

【私の調査方法】

初日は、必ず売上と売上原価を対応させながら調査しました。前項にも書きましたが、**期末に仕入れた商品が、売れたのか棚卸なのか、売上と原価を対応させながら調べないと分かりません。**

売上は、得意先からどのように報告が来るのか、ＦＡＸ、メール、郵便、電話の日時、などを調べて、商品がいつ売上先に発送されたのか、その商品はいつ仕入れたのか、仕入れ先とのやり取りはどのように行ったのか、在庫商品を販売したのか等々。

さらに、期末の時点では、商品は配送されたのか在庫のままなのか、期末に仕入れた商品を追いかけることで売上が判明します。売上になければ、棚卸にあるはずです。

例えば、三月二十五日に仕入れた商品が、その後の売り上げに計上が無く、在庫にもなければ、売上除外か架空仕入れか棚卸除外になります。

【調査の報告】

調査官は、調査内容を必ず、税務署に帰ってから上司に報告します。初日は、売上、仕入、棚卸、外注費をどのように調べたのか、帳票類は何と何を見たのか、書類の保存状況はどうなのかを報告します。

上司は、調査官の調査内容と会社の経理状況、社長の税金に対する姿勢を聞き、翌日どのような調査を行うか指示します。

調査官も上司に報告することで、調査のやり方を振り返り、時には反省しながら、足りなかった箇所を翌日追加で調べます。

初日の調査内容を上司に報告することで、上司と調査官、周りにいる職員と相談し、より一層深度ある調査が出来るように準備します。

調査二日目

二日目は、前日の売上、仕入、棚卸などの項目で、不足部分と新たに確認すべき点を調べます。約一時間程度、午前中には、売上と原価の確認作業は終わります。確認作業が終われば経費科目が中心となります。

【経費科目の調査】

経費科目は、帳簿に記載されている金額の大きい支出を中心に調べます。主に、交際費、福利厚生費、消耗品費、修繕費が中心です。**これらの項目は、個人的支出の有無がポイン**

トとなります。**特に交際費は要注意です。**

問題は、架空計上があるか否かです。領収書を確認し架空計上が無ければ、個人的支出の有無を調べます。

【交際費】

交際費の支出が五〇〇万円以上あれば要注意です。ゴルフであれば誰と行ったのか、飲食は誰としたのか、旅行は誰と行ったのかなど細かく調べます。

交際費は、個人的支出の計上が多い項目です。飲食費で回転ずしがあれば間違いなく家族で食べています。得意先と回転寿司は行かないです。お好み焼きも同じです、間違いなく家族で飲食をしています。

中にはキャバクラ、スナックがあります。この場合否認はなかなか難しいです。月一回程度で、得意先と行ったと言われると仕方なし、となりますが、週一回で月四回以上となるとそうはいきません。**得意先と毎週キャバクラ、スナックに行きません。ほとんど社長の個人的支出**です。

ただ、金額が一万円以下だと一人で行ったのかと経営者に聞きやすいです。二万円だと二人の可能性がありますが、一人で延長している場合もあります。ポイントは回数と金額です。

キャバクラ、スナックで年間五〇〇万円以上使っている経営者もいました。同じ日に二か所三か所行く人もいました。八時くらいから三軒のはしごをした人もいました。問い詰めると、個人で行っていたようです。

同族会社の中小企業で、お客様とキャバクラ、スナックに行く社長は少ないです。上場会社の大法人であれば、銀座のクラブなどのお店を接待で利用することはあるようですが。

【初日の調査で何も見つからない時】

初日に売上、仕入、棚卸、外注費の調査で何も見つからない場合は、翌日、かなり焦ります。調査官は何かを見つけようと必死になります。

調査官も人の子、何も見つけられずゼロで帰りたくない、というより上司の目が気になるものです。

二日間の調査で何も見つからないのは、納税者にとっても税務署にとっても良いことです。中告納税制度が適正に機能し、正しく申告している証拠です。

とはいえ、何も見つからないことが二件続くと胃が痛くなります。なぜならば税務署には追徴税額のノルマはありませんが、調査件数のノルマはあります。それ以外に、非違割合というものがあります。

【最低限の仕事】

非違割合は、国税庁で発表しています。例えば、十件の調査で八件の非違が把握された場合、非違割合が八十%です。個々の数字を調査官も把握しているため八十%を切りたくない。八十%以下になると他者の足を引っ張っていると考えてしまいます。

「令和四事務年度法人税等の調査事績の概要」国税庁報道発表資料では、非違割合七十五・八%、不正発見割合二十・七%です。このような数値をもとに、調査官は非違割合八

十%、不正発見割合二十%を目指します。

誰かが非違割合一〇〇%であれば本人は六十%でも良いのですが、そのようには考えず、八十%を目指します。調査件数も同じですが、調査件数は一〇〇%処理しなければなりません。上司からの指示で十件与えられて、八件しか終わらないと、他人の足を引っ張っていると考えてしまいます。

非違割合八十%と調査件数一〇〇%は何とかできるものです。だから調査官はこの二項目の目標達成に必死になります。

【追徴税額は予定通りにいかない】

ところが、追徴税額となると誰もプレッシャーを持ちません。国税庁発表の一件あたりの追徴税額は、**「令和四事務年度法人税等の調査事績の概要」国税庁報道発表資料では、一件当たりの追徴税額三〇一〇千円。調査官は（私もそうでしたが）、この追徴税額は気にしません。追徴税額は、頑張っても予定通りにはいかないことを調査官は知っています。**

追徴税額五十万円でも一〇〇万円でも非違が発見されれば、非違割合と調査件数は一件クリアしますので調査は終了します。

非違割合や調査件数の目標がなかったら、調査官はダラケてしまうでしょう。会社に税務調査に行っても、帳簿をペラペラとめくるだけで何も調べようとしない、調査件数を処理しようとしない、挙句の果てには、何もないことは、正しい申告をしているから。などと調査官が思ったら、税務署の機能は無くなります。非違割合、調査件数、この二つの項目があるからこそ、税務調査は成り立っているといえます。

【調査は真剣に】

調査能力には個人差があります。以前、ある調査官が調査に行き、ほとんど調査を行わなかったようで、**ある税理士から、税務署は何を教えている、と税務署に連絡があった、と聞いたことがあります。納税者も税理士も調査官を見ています。真剣に調査を行うことで、税務署の役割を理解してくれるまじめな納税者もいるものです。**

反面調査

反面調査は、調査先で不審な取引が認められた時に実施します。取引先を調べることで取引の整合性を図ります。**反面調査は、電話や文書紹介で行われることもありますが、相手先に臨場する場合が多いです。反面調査は会社のイメージを悪くします。**反面調査に来てほしくないのはどこも同じです。売上先に反面調査が実施されると、必ず売上先から調査法人に連絡があります。

売上先に調査官が臨場し確認するのは、調査法人との取引です。反面先では、調査法人との取引を正しく記載していても、税務署が来ただけでイライラするものです。

来年は、わが社に税務署が来るのかなと心配になるようです。

【税務署の好きな項目】

売上・仕入・外注費・棚卸は同時に調べます
決算期末の取引は要注意です必ず調べます
交際費・福利厚生費は調査項目の基本

【売上、仕入、外注費、棚卸は不正経理を行いやすい】

決算期末の、売上、仕入、外注費、棚卸などの項目は、利益調整に使いやすいため必ず調べられます。

特に外注費は不正計算に使われやすい項目です。自社のパソコンで架空の外注費の請求書を作成し、現金払いや、架空名義の口座に振り込むなど、さまざまな手口で不正行為を行います。調査官はパソコン内も確認します。

外注先と共謀し、外注費を振り込み、現金でバックしてもらうこともあります。

人件費の調査は、タイムカードを並べて出社

時間と退社時間が他の従業員と同じ人はいないか、履歴書・座席表・社員名簿を確認し、不審な人件費について、市役所へ住民票や住民税、社会保険料の支払いの有無などの確認をします。

また、家族に対する給与では、家族の従業員が出勤しているか、どんな仕事をしているか、などを他の社員からの聞き取りも行います。

【交際費の調査】

調査官は、個人的支出の有無を細かく調べます。接待ゴルフや夜の飲食などです。接待ゴルフは必ず、だれと行ったのか、得意先と行っていなければ否認されます。一か月に三回四回とゴルフに行っていれば、個人的なゴルフでないかと疑われます。

また飲食費についても同様で、だれと食事したのかなど細かく聞きます。家族での食事を交際費に計上している会社は多いです。当然家族の飲食は認められません。

家族だけで行った旅行を、旅行会社に頼んで請求書の宛名を法人名義に書き換えを依頼したり、得意先と行ったことにするなどして装う場合もあります。このような行為は、経

費を否認されます。社長への役員賞与となり社長の源泉所得税が追徴されます。消費税も否認され、不正行為として重加算税の対象となります。

単純な経理ミスで、間違えて法人の経費に入ってしまった場合もあり、この場合は重加算税の対象になりませんが、法人税、源泉所得税、消費税の追徴が行われます。

【会議費の調査】

会議での食事が社会通念上の金額であれば会議費となります。会議が行われていなければなりません。交際費が一人当たり一万円以下であれば、会議費で良いですが、あくまでも得意先との飲食の場合であって、家族での飲食であれば認められません。

【福利厚生費の調査】

福利厚生費は、社員の福利厚生のための支出です。社員旅行は四泊五日まで認められます。忘年会も同じく、社員全員が参加している忘年会なら認められます。家族だけの忘年会、スポーツ観戦やコンサートチケット、スポーツジムの会員権など、社員全員が使えるなら認められますが、家族しか使えないものは認められません。

【消耗品費の調査】

消耗品は、取得価格十万円未満で一年以内に消費される備品です。調査官が調べるのは、個人的支出の有無です。さらに十万円から三十万円の備品などの経理処理も調査の対象になります。

【修繕費の調査】

修繕費は、実際に修理した場所所を調べます。**修繕した箇所が経営者の自宅であれば、**家**の中まで入って修繕した箇所を確認します。**本当に修繕が行われたのか、取引の実態があるのか、実態が無く架空計上していないかなどがポイントとなります。個人の家の修繕であれば、修繕費全額が否認されます。場合によっては重加算税の対象となることもあります。

【調査する会社の選定】

調査先を選ぶことは管理者の重要な仕事
申告書に不審点がある納税者の選定が難しい
正しく申告している納税者の調査は必要ない

選定作業は、国税総合管理（ＫＳＫ）システムで行われています。納税者は電子申告（イータックス）していますから、自動的に申告データはＫＳＫシステムの中に保存されます。

【選定はＫＳＫシステムが行う】

調査先を選定する時に、売上規模を一億円以上とＫＳＫシステムに指示すると売上一億円以上の申告データがでてきます。

さらに、**管理者が、「調査選定」とＫＳＫシステムに指示すると、①過去に不正取引があった会社、②売上の増加割合に対して所得が低い会社、**などの項目でシステムが選んでくれます。

これらのデータをもとに過去五年間の申告事績

を打ち出して、申告内容を調べて最終的に管理者が調査法人を決定します。

ＫＳＫシステムは「ＡＩが選定」しているようなものです。

管理者は、選定された会社を誰に調査してもらうか、調査担当者の調査能力を見極めて担当者を決めます。

【昭和の時代は、管理者は紙で提出された申告書をすべて見ていた】

昭和の時代、管理者は、紙で提出された申告書を、一件一件内容を確認して選定していました。現在では、選定作業は十分の一程度に圧縮されたのではないでしょうか。

私が若い頃、紙の申告書を開いて、売上金額、仕入金額、交際費などの主要項目を、テンプレートに記入していました。自分が記入しながらどの会社を調査したらいいかなと思っていました。

いろいろな会社の申告書を見ていましたので、渋谷区なら渋谷区内にあるさまざまな業種や会社の所得状況などの傾向を知る勉強になりました。今は、機械化され紙の申告書は少ないので、上司から調査指示された会社しか見ることはありません。

【調査選定は過去の事績と費用の増加が中心】

調査する会社の選定は、過去の調査事績で、①**不正行為を行っていた会社**、②**過去五年間の売上が増加しているのに、所得が低調な会社**、③**売上が一定であるにも関わらず、経費が増加し所得額が減少している会社**、④**赤字と黒字を繰り返している会社**、⑤**多数の情報がある会社などです。**

申告事績は、ＫＳＫシステムにより全ての情報が保存されています。現在はイータックス（電子申告）による申告のため、財務諸表が自動的に保存されます。五年間の申告事績データを出すことは簡単です。機械が自動的に売上増加、所得低調、交際費増加などの会社を選ぶため、選定作業と並行して数字をもとにした企業分析を行うようになりました。

調査されやすい会社

調査されやすい会社は、過去に不正行為を行っていた会社など、前項記載の通りです。

さらに、**調査官は「調査時の内容を記録」**しています。①社長は酒が好きで、一人で飲みに行く、②行きつけのスナック、キャバクラがある、③ゴルフが好きで接待とは別に個人で友人達と行っている、④趣味で絵画の収集を行っている、など次回の調査に役立つようにしています。これらの過去の調査情報も参考にして選定されます。

社長の趣味として、ゴルフ、ヨット、高級車、酒、などが多かったです。

パチンコや競馬などのギャンブルの好きな経営者を見かけたことがありませんでした。

なぜなのだろう？　と思うことがありました。

三年間の損益計算書を並べてみる

三年間の売上、仕入、外注費、売上利益、販売管理費、（給料、交際費、その他の経費）営業利益、当期利益の金額を並べてみると、会社の状態が一目で分かります。

「調査官は数字を見て分析するのが得意です」税務署は会社の五年間の数字の推移を見て最終的に調査するか否か判断します。

【過去の数字を分析して調査の有無を検討します】

①売上が増加しているか、②売上の増加に比して仕入や外注費の増加が著しいのはなぜか、③仕入や外注費を多額に計上して利益を圧縮していないか、④仕入や外注費の増加に比し売上の増加が少ない、売上の繰り延べや除外などで利益を圧縮してないか、⑤給料が増加しているのはなぜか、⑥五年間の販管費の項目で、交際費の増加率が高く多額に計上されている、家族の飲食は無いか、⑦三年前から雑費の金額が多額に計上されているのは

なぜか、⑧五年間で売上が毎年十％増加しているが、所得金額と税金が一定であるのはなぜか。**税務署の人は、分析が得意です。五年間の推移をみれば、どの会社の調査が必要か否か判断できます。**

会社の経理担当者が、売上項目から、最後の所得金額及び納付税金まで、**三年間の推移を並べてみると、「あれ」、と気づくことがあると思います。**イータックスで申告した損益計算書を三年分コピーして並べるだけですから簡単です。

黒字であると調査される確率が上がります。是非三年間の推移を見てください。思いもよらない項目で多額の支払いがあったりします。

経営者は、半年、一年先の事業経営のことで頭がいっぱいです。**税務調査は、過去の結果を調べます。**

経営者に言わせると、過去のことなんて過ぎたこと、二年前、三年前のことなど忘れてしまった、と思うでしょうが、将来を見ていく経営者に対して過去の結果を見る税務調査は、全く逆の観点から会社の経理を見ますので、その点を理解しなければなりません。

【無予告調査】

現金商売だからと無予告調査にならない
無予告調査をするには相当の理由が必要
任意調査は経営者に予定があれば延期可能

無予告調査は条件付きで認められています。**「重要な情報があって、明らかに不正行為を行っていると認められる場合」「連絡すると不正行為の証拠が隠される場合」**などです。

飲食業など、現金商売だからといって無予告調査が認められているわけではありません。**不正行為が認められる場合、重要な情報がある場合、**などに該当しなければ無予告調査は認められません。

上司の決裁が必要なため、調査官は何らかの理由をつけて無予告調査が実施できるように事前に情報を集めて入念な準備をします。

【スナックのママはレジを使ってない】

調査官は、スナック、キャバクラ、居酒屋などの店舗にお客さんのフリをして内偵調査を行います。客の入店状況、レジの使用、現金の管理などの確認を行います。二～三回は必ず実施します。

スナックなどでは、会計の時ママさんが金額の記載されたメモを持ってきます。レジなど使用していません。**当然売上の管理はどのようにしているのか問題となります。**

お客様から頂いた売上代金は、ママさんのハンドバッグに直接しまわれる場合もあります。調査官は、そのような行為をつぶさに見ています。

調査官は、飲食店の調査を実施する場合、数か月前から店の内偵調査を行っています。

しかしながら、**無予告調査をされたからと言って、脱税をしているとは限りません。**レジの使用が無くても売り上げを正しく計上していれば、何ら問題はありません。

【飲食業以外でも無予告調査はあります】

無予告調査を行う必要があれば、業種に関係無く実施します。無予告調査を実施すると、店舗はもちろん、営業所、経営者の自宅、銀行、さらには取引先も無予告調査の対象になることもあります。

無予告調査は、経営者だけでなく従業員にも不安な影響を与えます。特に従業員は、社長は何か悪いこと、脱税をしたのだろうか、この会社を信頼して良いのだろうかなど、社長に対する不信感を持つ人もいます。

【無予告調査は任意調査であり経営者の同意が必要】

無予告調査の場合は、調査官が一人で来ることはありません。最低でも二～三人で来ます。経営者は、どんなことがあっても調査を断れないわけではありません。

無予告調査といえども、任意調査ですから社長の同意が必要です。社長にその日に用事があれば、後日に延期してもらうことができます。

【社長の同意が必要な無予告調査】

納税者は、調査に協力する義務があります。当日何かの予定がある場合は、事情を説明して後日に延期してもらうことは可能です。しっかり事情を説明すれば、調査は後日に延期されます。しかし何度も延期をしたり、長期間延期することは、調査を拒否しているとみなされ罰則対象となります。

調査官もタダで帰りません。「三十分だけでも協力してください」「現金の管理状況だけでも確認させてください」「昨日の売上伝票だけでも確認させてください」などと言いながら、簡単に引き下がらない場合があります。**社長はその日の予定がありますので、例えば午後二時に予定が終わるなら、午後二時に再度来ていただくなどの説明をして理解を得てもらうことが肝心です。**

【しつこい調査官には、会社の空き部屋で待機してもらう】

私ならば、調査官がしつこい場合、予定が終わる時間が午後二時ならその時間を説明し、会社内の空いている部屋で午後二時まで待機してもらいます。三年分の元帳と請求書と領収書を調査官に渡して、自由に見てください、と言いますね。

とはいえ、社長が出かけた後の従業員は、税務署の調査官が空き部屋にいると気になって仕事ができないでしょうが……。

調査官に、空き部屋と、元帳と、請求書、領収書を渡しても、調査官は書類を見ないでしょう、ペラペラと元帳をめくるだけです。

なぜなら、無予告調査の目的は、会社の帳簿や領収書を見るために、無予告で会社に来たのでありません。

調査官の目的は、社長の了解を得て、社長の机、経理担当の机、金庫などを調べることです。簿外の現金、簿外の銀行預金通帳、税務署に見せられない真実の売上帳を見つけることです。スナックであれば、ママさんのバッグの中を一番に調べますね。

タレコミ

タレコミは、従業員からのものが一番多いようです。①脱税している、②給与をおかしくしている、③社長が会社の金を使っているなど、リストラされた従業員のものと思われるもの、妬みによるものが多く信ぴょう性に欠けます。近所の住民や居酒屋で社長が話していたことを書いているものなど、さまざまな種類のものがあります。

【急に派手な生活をするとねたまれます】

ある会社の近所の人からのタレコミでしたが、「社長が外車を乗っている、脱税している」というタレコミでした。明らかに、嫉妬や嫌がらせだと分かります。外車を乗っているから脱税しているわけではありません。

「○○の社長が居酒屋で、俺はバレないように税金をごまかしている、と話しているのを

聞いた、是非調査してください」このようなタレコミが何通もあれば税務署も調査を実施する確率が増します。

何も悪いことをしていないのに、このようなうわさが立って調査されるのは嫌なものです。**社長の何気ない一言で「痛くない腹」を探られるのは嫌なものです。**タレコミは、妬みや恨みなどと思われるものが多いです。経営者は、目立つことはしないで質素にすることも一理だと思います。

中古車からいきなりベンツに変えると近所の人に妬まれます。中古車の次は新車、レクサス、ベンツにするなど波風立てないことです。

居酒屋で「俺は税金を上手に少なくしている」などと口が裂けても言わないことです。もしその店に税務署の職員が居たら必ず調査されます。静かに目立たず、経営者は事業に坦々と専念していただきたいです。

会社内の愛人は最後まで面倒を見る

タレコミの中で、一番信用できるのが元愛人からのタレコミです。もちろん、現在の愛人からのタレコミはありません。すべて元愛人からのタレコミです。

【愛人への手当は不正行為で作ったもの】

なぜ、元愛人からのタレコミが信用できるかと言えば、**社長は愛人に手当てを支払います。その手当は不正行為を行って得たお金です。**愛人への手当を自分の給料から支払うならタレコミは無いのでしょうが、自分の給料から支払うことはありません。

自分の給料はしっかりため込んで、愛人の手当ては不正行為を行って支払う。社長といえども会社の金を横領したことになります。

その不正行為のやり方を愛人は知っています。**社長は、何かの時に愛人に不正行為を話**

すのか。**愛人はいつも社長のそばにいるので、**社長の不正行為を間近で見ているためか。**愛人を途中で捨てると、必ず倍返し以上の仕返し**があります。不正行為の仕方や、**手口を細かく書いてタレコミます。**

今まで、愛人と思われる人からのタレコミに対して調査を行いましたが、すべて不正行為を行っていました。**社内に愛人を作ったら必ず最後まで面倒を見るか、相応の退職金を払って円満退職してもらうことです。**

現妻からのタレコミもあります。嫌がらせもあるようですが、社長が不正行為を行っている事実は的を射ています。現妻がタレコムのは、なにか理由があるのでしょう。

役員や従業員の横領は発覚します

【取引図A参照】

私が調査二年目の若い頃ですが、調査会社Aの仕入先B会社が、**調査会社Aに毎月交際**

費として現金を支払っている、というメモ書きの情報がありました。

Ａ会社に調査に行って調べると、仕入先Ｂ会社から毎月数百万円の商品を仕入れていました。仕入代金の支払いは振込。仕入先Ｂ会社は調査会社Ａに交際費を支払っているのだから、調査会社Ａは仕入先Ｂ会社に対して、雑収入か、仕入代金の相殺が考えられましたが、そのような形跡はありませんでした。

仕入先Ｂ会社に反面調査に行き、調査会社Ａとの取引を調べました。帳簿には、調査会社Ａに対して商品の売上と交際費の支払いが記載されていました。代表者に実情を聞くと、**調査会社Ａに対して毎月数百万円の売上と、交際費として毎月五十万円を現金で支払っているとの説明でした。**調査会社Ａにこの事実を伝えると、取締役が仕入先Ｂ会社に依頼してリベートを受領していたということでした。

この取締役は、会社を退職し退職金も出なかったそうです。調査会社Ａは、取締役に対して退職金ゼロとする代わりに損害賠償請求はしなかったようです。

【取引図A】

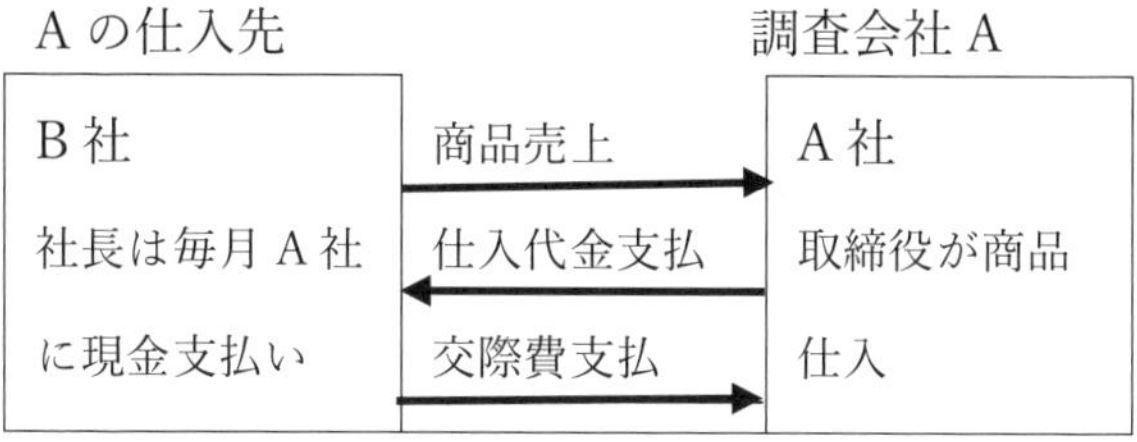
Aの仕入先
調査会社A
B社
社長は毎月A社に現金支払い
商品売上
仕入代金支払
交際費支払
A社
取締役が商品仕入

【取引図B】

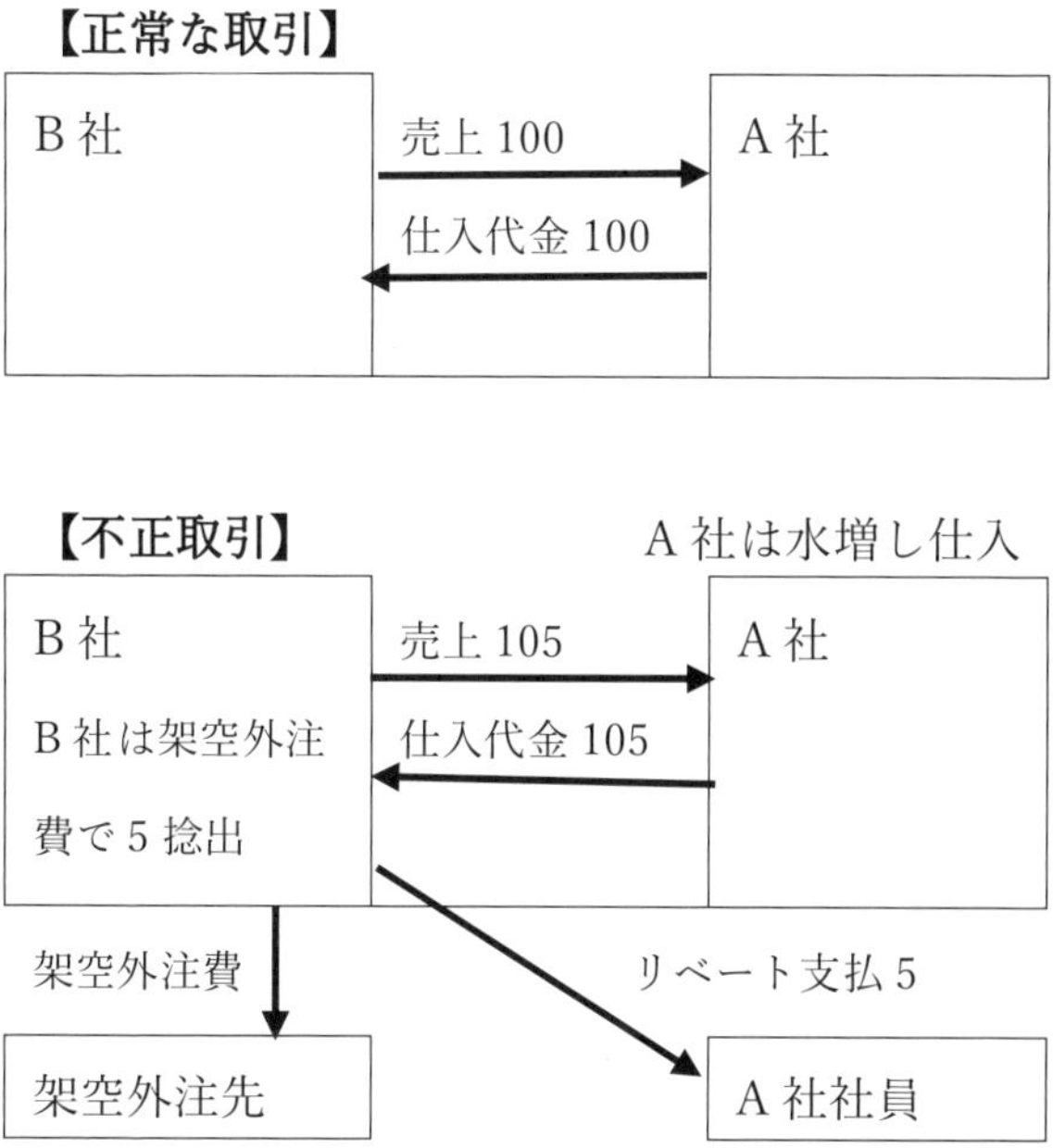
【正常な取引】
B社
売上100
仕入代金100
A社
【不正取引】
A社は水増し仕入
B社
B社は架空外注費で5捻出
売上105
仕入代金105
A社
架空外注費
リベート支払5
架空外注先
A社社員

【取引先に不正資金を依頼すると取引先は不正行為を行う】

【取引図B参照】

従業員の横領もよくあるパターンです。不正行為がなぜばれてしまうのか？取引先を利用するからです。取引先が不正行為に加担する場合は、取引先にもリスクが伴います。**取引先も仕事を取るために売上先の不正行為に加担します。架空人件費や架空外注費の計上で不正資金を捻出し、売上先の担当者に支払います。**このような行為は、仕事を受注するための必要悪です。

このような必要悪はいつまでたっても是正されません。そしてバックリベートを受領した取締役や従業員は、退職・損害賠償に発展することもあります。

通常なら、一〇〇円で正常な取引が行われるところ、一〇五円を仕入先に支払い、仕入先から五円のリベートを受領し、現場担当者が自分の懐に入れるわけですから、会社のお金五円を横領していることになります。会社から訴えられることとなります。

【税務調査と税理士】

税理士は国税と納税者の中立的立場
税理士は弱い納税者と権力ある国税の架け橋
税理士は独立した公正な立場にある

税務署は税理士も見ている

調査官は調査会社に臨場すると、税理士は調査に協力的か否か、納税者の実情をどの程度知っているかなど、観察しています。

税理士が調査に協力的であるか否か、税理士の対応を調査官は調査記録書に記録します。

税理士は、調査に協力しなければなりません。

かといって、税理士が税務署の言いなりになることは、税理士の立場としていかがなものか。

税理士は法律に「第一条、税理士は税務に関する専門家として、独立した公正な立場において

……」とあります。

税理士は納税者の味方か

調査において納税者は、まったくの素人です。**調査官は、年間二十件以上調査を行うベテランです。調査官と議論しても勝てるはずはありません。**だからこそ、弱者である納税者の味方についてあげなければなりません。

こんな税理士がいました。会社が数千万円の不正行為を行って税務署に追徴税を指摘された時、不正行為を行う会社とは付き合えないと言って顧問契約を切りました。社長は私に、税理士に逃げられたのでどうしようかと相談してきました。私は税務署側の人ですから社長を追及する立場にあります。**もちろん私から税理士を紹介することはできません。自分で探してくださいとしか言いようがありません。**

同じように私が査察部にいる時、顧問先の会社が査察調査を受けたと言う理由で顧問契約をやめた税理士がいました。査察に入られて、社長があたふたしてどうしようかと落ち込んで悩んでいる時に、顧問税理士が顧問をやめるわけですから。

私は顧問先の税理士事務所に行き、なぜ、顧問をやめたのか、と聞きに行きました。税理士は、査察調査を受けたのは私と関係ない。顧問をやめたので関係ないの一点張りでした。

仕事上税理士を紹介することはできませんので、税理士無きまま社長とのやり取りが数か月続きました。

この二件とも、最終的に社長本人が税理士を見つけたので、修正申告の作成を行ってもらいました。

【税理士は弱者納税者を助けなければ】

顧問先の立場の弱い納税者が税務調査であたふたしている時こそ、納税者の味方に立つのが税理士の役目だと思います。

不正行為を行う会社の顧問ができないと言うのは理解できます。なぜなら、**納税者と税**

理士は信頼関係で結ばれています。顧問税理士を裏切って不正行為を行うような会社の面倒は見られない、当たり前のことです。

顧問契約を打ち切るなら、税務署の調査が終了し、納税も済ませて全てが終了した段階で、顧問契約を打ち切るのであれば理解できます。

【やはり税理士は納税者の味方】

税理士は公平中立的な立場と言われますが、本音は納税者の味方と思います。それでよいと思います。調査官は経験豊富な人で、後ろに国税という巨大組織がついています。対して納税者は、調査が初めてか二〜三回目という人が多いです。せめて税理士が納税者の味方になってあげないと、納税者は調査官に好きなようにされます。調査官に法律的なことを言われても納税者は何も分からないです。弱い立場の存在です。

おまけの調査はさせない・申告是認を目指す

「おまけ」を作っておくことがあると聞いたことがあります、昔の都市伝説なのか。簡単に見つかる非違項目を作っておくと、その項目だけ修正して調査が早く終わるということですが、そんな手を使う必要は全くありません。

非違項目が無ければ申告是認の処理をしてもらうことです。**下手なことを考えるよりも、正しい申告を行い是認処理の方がどれほど良いことか。正しい申告を行うべきです。**

【是認となった会社は、調査したくない】

調査官は、調査を行う以上何かを見つけたいものです。前回の調査で申告是認されている案件だと、調査に行く前から、この会社に調査に行っても何もないのではないか、と気分的に乗ってこないものです。申告是認された会社は調査したくないのが本音です。

だからこそ、「おまけ」など作らずに、申告是認を目指して正しく申告すれば、調査回数

【国税局の調査】

国税局の調査官は税務署から選ばれた出世頭
資料調査課・調査部・査察部は調査の専門家
国税局は税務署を指導する立場にある

は減少するはずです。

資料調査課

国税局には資料調査課という部署がありま す。この部署は、税務署では**調査が困難な案件や、他局にまたがるような案件を扱います。**

資料調査課には、資料調査課の職員だけで調査を実施する部署と、税務署の調査官と合同で調査する部署があります。

【税務署の職員の憧れの部署】

税務署の職員にとって、国税局の資料調査課の職員と一緒に調査ができることは嬉しいことで、眠っていた神経に矢が突き刺さったように、張りつめた顔つきになります。

税務署の調査官は、国税局の人と合同で調査ができる喜びと、合同調査でいいところを見せてやろうと意気込む人もいますが、実は国税局との合同調査に調査官達は緊張しています。


調査は、朝早く九時から無予告で実施されます。納税者にとってはたまったものでありません。会社、社長宅、銀行、取引先に対して一斉に調査が実施されます。

朝が早くて終わるのが夜遅くなることから、ブラック部署と言われていました。近年働き方改革で少しはゆるくなったようです。**資料調査という名前の通り、さまざまな情報のある案件の中から不正行為を行っている会社をターゲットに実施します。**

資料調査課は調査の最強軍団

税務署の職員が国税局で希望する部署として、資料調査課を目標にする人が多くいます。

誰でもこの資料調査課に行けるわけでなく、調査の出来る人、調査意欲のある人などが推薦されていきます。

【調査希望の多い部署】

主に三十代後半の調査官が、税務署からの推薦でこの資料調査課に転勤します。本人たちは希望がかなってやる気満々です。朝早く、夜遅くなっても調査官たちは苦痛とは思っていません。

調査は全て、連絡なしの無予告調査で行われます。朝八時頃に調査対象者の近辺の喫茶店などに集合し、九時に実施します。この資料調査課の調査は任意調査ですから、社長に予定があれば延期することもできます。

会社、自宅、銀行、得意先などに一斉に実施されますので、社長は、悪いことがばれたのだろうか、タレコミがあったのだろうかなど、いろんなことを想定するようです。

調査実施時、社長が得意先とゴルフ中であったり、愛人宅にいたり、海外に出張中というのもありました。ゴルフ場の場合は、調査官がゴルフ場へ行き、社長から調査の了解を得て、ゴルフを途中でやめて会社に来た社長もいました。愛人宅にいた社長は、調査官から外で調査を受けたようで、海外は国際電話で社長の了解を取っていましたね。

税務署との合同により二十人前後の調査官が無予告で会社に行きますので、任意調査といえども社長は調査に同意します。

大勢で無予告調査を実施するわけですから、ネタをつかんで、さらにこのネタが間違いなく本物であり不正行為（脱税）を行っていることが前提です。任意調査ですから、社長から調査の承諾を得るとともに、営業妨害とならないように、調査官は、社長、経理担当、役員を中心として調査を行います。

資料調査課が来た場合は、ネタをつかんでいますので、納税者は、早めに不正行為の事実関係を話した方が良いと思います。とはいえ、**まったく不正行為を行っていない場合や、正しく間違いの無い申告を行っている場合は、毅然とした態度で堂々と対応するべきです。**

調査部

調査部は、資本金一億円以上の会社の調査を実施する部署です。上場会社やその関連会社などです。上場会社となると、売上規模が数千億円から数兆円などの超大法人、商社や銀行、さらに新聞社やテレビ局などのマスコミ、外国法人やその関連会社等々。海外取引、合併、連結決算など税法上の難しい知識が必要となりますので、調査部の調査官は、日々法律の勉強をしています。

調査部には審理課があり、調査した事案は全て、審理課で、法律上間違いはないか審査されて、了解を得た法人だけが調査終了となります。この審理課の了解が得られなければ調査は終了しません。例えば、調査官と調査先法人の会計士、税理士、経理課長が納得し、交際費の否認で修正申告しようとしても、この審理課の了解が得られなければ修正申告はしません（上場会社は株主総会があるため修正申告は行われず、更正処分となります）。

調査部は法律の専門家エリート組織

【調査部は狭き門】

税務署の調査官の希望が一番多いのがこの調査部です。なぜなら、有名企業の調査ができる、経済の根幹をなす大企業の調査ができる、商社、銀行、マスコミ、外国法人などの調査ができる等々の理由で希望者が多いです。

この調査部も資料調査課同様、希望すれば誰でも行けるわけではありません。調査の出来る者、調査意欲のある者が推薦条件となります。

希望者が多いことから希望が叶うことはごく稀です。だからこそ一度調査部に配属された調査官は、この調査部から出ることをしません。十年二十年と調査部にいる人が多いです。長く調査部にいるため、経験豊富となり、法律関係や海外取引に関する租税条約、調査技術を習得します。

特に特官室は、調査部のなかでも超大手の会社の調査を行う担当部署です。○○商事、○○建設などのＴＶの宣伝に出てくる会社を相手にするわけですから、相応の知識が必要です。

海外取引の情報が集まっている

調査部の仕事で重要なのが海外取引です。私は二年間しか勤務しませんでしたが、半数は海外取引のある法人でした。外国法人の子会社の調査では、子会社の社員は日本人ですが、経営の母体は外国、だから社員は全て外国の本社を意識しています。

経理は親会社の本国の経理基準で計算され、税務申告の段階で日本の法律にもとづいて申告。社長は外国人ですから、社員の目が外国の親会社に向くのは仕方ないです。

調査部の調査は、二人一組か三〜四人で、短くて一週間、規模が大きくなると、二週間から一か月間会社に臨場します。特官室が行う超大手の調査は半年間実施されるようです。

国税局内には、海外取引に対する専門家チームがあり、海外情報なども集めています。**租税条約に基づく情報交換である共通報告基準（ＣＲＳ）と言われる海外との情報交換規定に基づき、金融機関等の口座情報を共有しています。**つまり、海外の銀行に口座を所有していても、その取引情報が日本に送られてきているということです。

査察部

査察部はいわゆる「マルサ」と言われる部署。**裁判所の許可状で「強制調査」を実施する部署です。**

査察部は、国税局の中でも独特の部署で、廊下を通ると扉に、道路標識と同じ進入禁止のマークが貼ってありましたが、さすがに今はないでしょう。

国税局内の職員同士でも自由に行ったり来たりができなかったです。

査察部は悪質脱税者を追う集団

【「マルサ」の仕事は調査技術と体力が勝負】

私もかつて二年間この部署に勤務しましたが、人事異動で査察部への異動が決まった時、上司から「堀さんごめん」と謝られました。この上司が私の人事を決めているわけではありませんが、これも人生かなと思いました。

映画になるくらいだし、世間が怖がる部署だし、仕事は「**悪を退治する**」と正義の味方のような部署ですが、とても普通の人では務まりません。

さらに、へんてこりんな「**やから**」を相手にするわけですから、仕事が怖いとか、体力精神ともに強靭な肉体でないとダメだとか、中間層の職員でさえ嫌がる部署です。仕事が極端に厳しいと言われ、ブラック企業の典型などと揶揄されていました。

とはいうものの、実際に仕事を行ってみると、体力精神ともに厳しい部署でありますが、この厳しさを乗り越えれば人間的に鍛えられ、大きく成長できる部署です。それだけ高度な調査技術と精神力が必要です。だからこそ、税務署の若い調査官にとって一度は経験する価値のある職場と思います。ぜひ希望して欲しいです。

査察が来たら逃げられません

査察部は、強制調査を実施する部署ですから、査察に踏み込まれたら、取引先との予定があるから後日にしてください、なんて調子の良いことは通じません。

査察部は、裁判所の許可を得て強制調査を実施しますので、「確実に脱税している」「一億円以上の所得を隠している」という証拠をつかんで実施します。五十人以上の大人数で、会社、営業所、自宅、銀行、取引先、会計事務所、あらゆる場所に踏み込みます。これだけ大掛かりに実施するので、裁判所の許可をもらいます。

【どこまでも追い続けるマルサ】

査察が来た瞬間ギブアップした方が本人のために良いでしょう。社長がゴルフ場にいようが愛人宅にいようが、しっかり把握されています。海外出張が多い社長でも、海外に行かない日を狙って踏み込みます。

査察官は、数か月前から社長の足取りをつかんでいます。社長の様子を対岸の喫茶店や物陰から見ていて、社長が事務所から出てくるとその後を追い、銀行に入ったとか、取引先の会社に行ったとか、細かく調べています。

【同じ職場でも隣の査察官の案件が分からない】

査察部はすべてが秘密主義で、同じ査察官同士でも隣に座っている査察官がどのような案件を準備しているのかさえ分かりません。担当の査察官二人が中心となり、特別に用意された個室で事案の準備を行います。

事案の打ち合わせは、調査日の前日午前に行われ、午後には、地方の現場担当者は北海道や大阪、九州に飛んでいきます。翌日八時には、一チーム五～十人で、各チームはそれぞれの現場に踏み込みます。終わるのが午後八～十一時頃で、翌日九時には現地を後にし、午後には東京に戻ってきます。もちろん二日目、三日目に突入することもあります。このハードなスケジュールに休む間もなく、ただただくたびれるだけでした。

査察部に踏み込まれると、取引書類、パソコン、預金通帳、金融商品、携帯電話、パスポート、すべて押収されます。携帯電話まで押収されるので、嫌疑者（経営者）は、知人、家族と連絡が取れないと嘆きます。パスポートも押収されるので、仕事で海外に行くこともできません。

パソコンや携帯電話が無ければ、会社では通常の仕事が出来なくなってしまうこともあります。仕方ありません、裁判所の許可状に基づいて実施するわけですから。

【そこまでやるの】

ある事件で、現場事務所の二階で作業していると、一階から、ダダダ、ガリガリ、と鈍い音が聞こえたので、何事かと一階に降りてその光景を目にしたとき、「マルサの女以上」のことが行われ、**開いた口がふさがりませんでした。**

奥にある金庫を開けるため、鍵のかかって動かない白いドアノブの周りをドリルで砕いていたのです。ここまでするの？　と思いました。強制調査とはいえ、社長の同意を得ているのだからいいのでしょう。たまたまこの事務所は、郊外の国道から離れた雑木林の中にある場所だったため、とんでもない騒音が近所には聞こえなかったことが幸い。もしも東京都内大手町にあったら、ドリルの騒音で警察が来たことでしょう。

査察部の調査の現場では、私は金庫係が多かったです。金庫は鍵がかかっているため、金庫業者に来て開けてもらいます。金庫の中に現金が入っていたと言うことはありませんでした。古い権利証や契約書などです。**現金は、金庫の中ではなくて、古いタンスに無造作に入っていたり、段ボールの中にバラバラと入っていたりでした。**

マスコミ報道では、ゴルフバックや庭の木の下や土の中に埋めていた写真が写されていますが、相当なつわものと思います。そこまで現金が必要なのかと思います。

査察調査が実施されると、嫌疑者である経営者と査察官のやり取りが五～六か月間続きます。社長は携帯電話が無くパソコンもないため切ない思いをします。

【全てを把握される】

二年間で三件担当しましたが、嫌疑者とのやり取りでは、本人がどのような人生を歩んできたのか聞きます。事業を行う以前からの家族構成、現在の家族構成、事業を行った理由、嫌疑者の今までの人生を聞き出します。

最後に、「なぜ脱税したのか」の質問で、脱税理由と手口を詳細に聞き取ったところで調査は終了しますが、査察調査が終了するまで、四畳半の取調室で査察官と嫌疑者との攻防が続きます。

【さまざまなドラマがある取調室】

四畳半の狭い部屋で、嫌疑者に脱税を行った理由を問い詰めていくと、過去を振り返りながら、じっと遠くを見つめる人、涙を流す人、全て自分が悪かったと相手をかばう人、人それぞれ、その人の性格や生き様など心の内が見えてくるようです。

ある女性社長は「事業をやめます」といいました。

私が「なぜですか?」と聞くと、

女性社長は「こんなことになって従業員は誰もいなくなります、私一人になります、事業は続けられません」と、涙ながらに話していました。

私は、「そんなことはありません、誰もあなたのもとから離れる従業員はいません。もしあなたから離れる従業員がいたら、最初から縁が無かったと思ってください」と、そして、一枚のメモ用紙に、「一陽来復」と書いて社長に渡しました。

「なんて読むんですか?」と聞かれたので「イチヨウライフク」「太陽は沈んでも、また昇ってきます。あなたは今、切なく大変な時でしょうが、この時を乗り越えれば必ず良い時が巡ってきます」

社長は涙目で「ありがとう」と。

脱税は違法行為です。脱税したからと言って、その経営者は人間失格ではありません。**何かの事情でお金が必要だった、事業経営のための運転資金が必要だった**など、さまざまな理由があります。**経営は人と人とのつながりだと思います。お金をもらえば嬉しいです。仕事を与えてくれます。リベートは仕事を取るための必要悪です「罪を憎んで人を憎まず」皆が知っている言葉ですが、無くならないのが現実です。**

税務署の調査で、売上除外が把握されて重加算税が課されても、納税すればそれで終わります。

しかし、査察部に踏み込まれるとほとんどの事案が裁判に発展します。裁判で有罪となると、脱税という前科が付き、税金以外に罰金数千万円が下されます。

【これでいいのか法律は】

話は変わりますが、法律について考えてみます。ある案件で、東京地方検察庁へ事件の上申をしました。担当の検事から、この案件は「諸刃の剣」、嫌疑者側で優秀な弁護士が付くと、裁判でひっくり返される恐れがある、これだけの証拠では勝てないかも知れないと。

私なりに証拠が不足していることは分かっていましたが、これ以上の証拠を集めることはできません。証拠不十分で裁判は決まってしまうことは知っているが、真実は一つしかありません。

相手が悪いことをやって（殺人でも構いません）、証拠が不十分だから立件できない、犯人は目の前にいます。証拠不十分か否かは裁判所が決めることだと思います。検察官が決めることではないと思いますが。**日本の有罪率九十六・三％（第一審）は、検察官が有罪が確実な事件を選んで起訴しているからと言われています。見方を変えれば、起訴できるのに起訴しないのだろうか、と思ってしまいます。**

検察官も実績を上げたいのでしょうか。裁判で負けると、あの検察官は勝率が低いとなる。だから負けそうな事件は、たとえ目の前に犯人がいても立件しないのでしょうか。「**検察官の腕と弁護士の腕**」のぶつかり合いとはどういうことなのか？　犯人が目の前にいたら、「**検察官と弁護士の腕の勝負は関係ないのではないか、弁護の必要もなく犯罪者は犯罪者です**」と思います。弁護士は、有罪者をなぜ病気だとか言い訳をつけて無罪と言い張るのか？　どこかおかしい気がします。

証拠が少ないと真実の追及はできなくなってしまう。犯人は逃げてしまいます。「**疑わしきは罰せず**」の意味は何だろう？　証拠がなければ疑わしくても罰せられない。有罪率九十六・三％はそこからくるのでしょうか。

数日後、今回の私の案件を**検察官が取り上げてくれなくて安心しました**。

証拠不十分、もしかして本当に脱税の意思は無かったのかもしれない。悪いことをしようとする意思は無かったのか？　などと思うこともあります。数か月間の取調室で、私と嫌疑者との付き合いで私に情が移ったのか？　と思うこともあります。

証拠不十分で私は安堵しました。

さて、このようなことが政治家や公務員であったならば、同じく「**疑わしくは罰せず**」**で良いのでしょうか。今政府は「裏金問題で汲々」としています。**ごく一部の政治家だけが立件され、他の政治家は金額が少ないため立件されません。

政治家や公務員は、一般市民とは異なる立場にあります。国会で法律を作り、その法律で一般市民が生活しています。政治家は、強い権力で世の中を動かしています。

政治家に対しては、「疑わしきも罰する」との精神が必要ではないでしょうか。裁判で白日の下にさらし、公の場で裁定する。たとえ棄却されようと、金額に関係なく、裏金受領者全員を告訴すべきと思います。あとは裁判所が判断します。

個人事業主、中小企業の経営者は、生活を切り詰めて税金を支払っています。検察官は、民間人には優しく、政治家には厳しく、毅然と立ち向かってほしいものです。

第Ⅱ章

節税対策

【節税対策は必要か】

無駄な経費を使い所得を少なくするのはダメ
節税は法律に従って行う合法手段
金持ちほど節税を行っている

高額所得者の税負担は低い（一億円の壁）

個人の所得税額は、累進課税五％～四十五％。住民税は、十％です。所得が一億円を超えると税負担が軽くなると言われています。

これは、上場株式等の配当収入は、二十％の分離課税のためです。高額所得者は、役員報酬などで、四十五％＋十％＝五十五％の税金を払うより、配当金を多く受領して二十％の税金で済ませています。

役員報酬を多額にもらうより、配当金を多額にもらった方が得です。一億円の役員報酬で五

十五％の税金を払うより、一億円の配当金で二十％の税金を払った方がどれだけ得するか。これが一億円の壁といわれるもので、岸田氏が総理になった時、この一億円の壁を壊すと掲げました。

税金は取りやすいところから取っている

税金は「取りやすいところから取る」という言葉は、私が社会人になった時から言われています。日本人は文句を言わない国民だから、中・低所得者層から、生かさず殺さずの方法で徴収するようになっています。

年収三〇〇〜八〇〇万円の中間層から税金と社会保険を取れるだけとっても、生活できるから文句を言わないのでしょう。富裕層と言われる高所得者は、**圧力団体**を通じて政府に働きかけているので、一億円の壁ができるわけです。

税金は、**「取りやすいところから取る」**と書きましたが、税金は**「知らない人は損をす**

る」とも言われています。税金の仕組みを知っていれば税金を少なくすることができると言うことです。

【正しい節税】

節税することは、税金を不当に安くすること、と考える人がいますが、**節税は法律にのっとった方法であり、誰もが行うことができます。**ところが一般の人は、税金の法律を知らないため、払わなくても良い税金を支払っています。

売上を除外したり、経費を水増しするなどの「不正行為」は悪質なもので「重加算税」となります。

ただ、税法を知らなかったために計算ミスをすることがあります。これは悪質でないので「過少申告加算税」となります。

節税による費用計上は、合法的に法律にのっとって行うものであり、不正行為で計上するものではありません。

【節税は難しくありません】

節税は難しいことと考えている経営者がいます。「**ほんの少しの知識とテクニックで節税はできます**」ところがほんの少しの努力を怠ることで、払わなくても良い税金を支払っています。経営者は、事業運営のために将来のことや収入を得ることで一生懸命です。この努力は当然のことであり正しいことです。

税金は過去の結果にしか過ぎないと言えますが、しかし利益を出しても、三割が税金で取られると事業者にとってはつらいことです。申告書が出来上がり、申告するときになって、税金の多さに驚きます。そして**税金を少なくするために、決算期末の売上を翌月に繰り延べたり、棚卸商品を少なくしたりします。これらは「不正行為」であり重加算税の対象になります。やってはいけない行為です。**

富裕層は、忙しくても常に税金のことを考え、「節税対策」をしっかり行っています。来年は売上が伸びそうだ、黒字になる、と思えば、**事業年度の期首のスタート時点から手を**

打ち実行します。これが「節税対策」です。

売上から経費を引いて出た所得額に税金がかかります。売上を減らすか経費を計上するかで所得額が減少します。所得額が減少し税金を減らすことが「節税対策」に繋がります。売上を減らすには、相手が必要です。やり方を間違えると脱税行為となります。そこで、法律にのっとって経費を計上することは、納税者でもできます。節税対策として行うことができます。法律を理解し対応策を考えれば、難しいことではありません。

【節税したお金は将来の事業資金】

「脱税と節税は紙一重」と言われますが、内容は全く異なります。**「節税は合法的に税金を少なくする手段であり、脱税は非合法な手段を使って故意に税金を逃れる」**ことです。

経営者は、売上を増加させるために日々努力しています。そして黒字になると、我が社もやっと黒字になって税金を納められるようになった。と安堵します。

ところがこの税金も、経営者が心の中で思っている範囲内の金額なら、納得して税金を納めますが、高額な税金になると、**「こんなに取られるのか」と、申告する時になって驚くものです。**「利益を出すこと」に一生懸命だった経営者は、利益の三割の税金と、消費税、地方税など多くの税金で愕然とします。今まで頑張ってやっと利益を出したら三割の税金。

企業活動を行う上で、事業の運営資金や古くなった機械の設備投資等々、お金はいくらあっても足りません。節税を行い、そこで得た資金は将来のために使います。

大会社は「内部留保○○億円」、政府は「税金の無駄遣い」と言われています。

経営者は忙しく、税金について考える時間がありません。そのような経営者のために少しでも役に立てばと思い、「**節税対策**」として参考になりそうな部分を取り上げました。必要な部分、役に立ちそうな部分だけを取って、読んでいただければ幸いです。

【個人事業者の節税対策】

節税は売上を操作するのでなく経費を使う
税法を味方にして少しの工夫で節税ができる
税法はグレー部分があり解釈によって異なる

所得税額の計算は、「**次ページの表**」**【計算例1】**のように、収支計算書に記載して売上から経費を引いて利益を出します。**利益から所得控除を行い、課税所得を出します**。所得控除は、基礎控除、配偶者控除、扶養控除など十五種類あります。**課税所得に税率を乗じて税額を出します**。税額から、住宅ローン控除などの税額控除を行い、納付税額を出します。

節税対策として、事業で支払った領収書は、経費に計上するため保管して下さい。

所得控除と社会保険料控除や扶養控除は漏れのないようにして下さい。

【計算例1】

売上	1,500万	基礎控除	48万
経費	▲1,000万	社会保険控除	40万
青色控除	▲65万	配偶者控除	38万
利益	**435万**	扶養控除	38万
所得控除	▲164万	所得控除計	164万
課税所得	**271万**	税額控除：住宅ローン10万	

税額、271万×10%−9.75万＝17.35万

納付税額、17.35万—10万（住宅ローン）＝7.35万

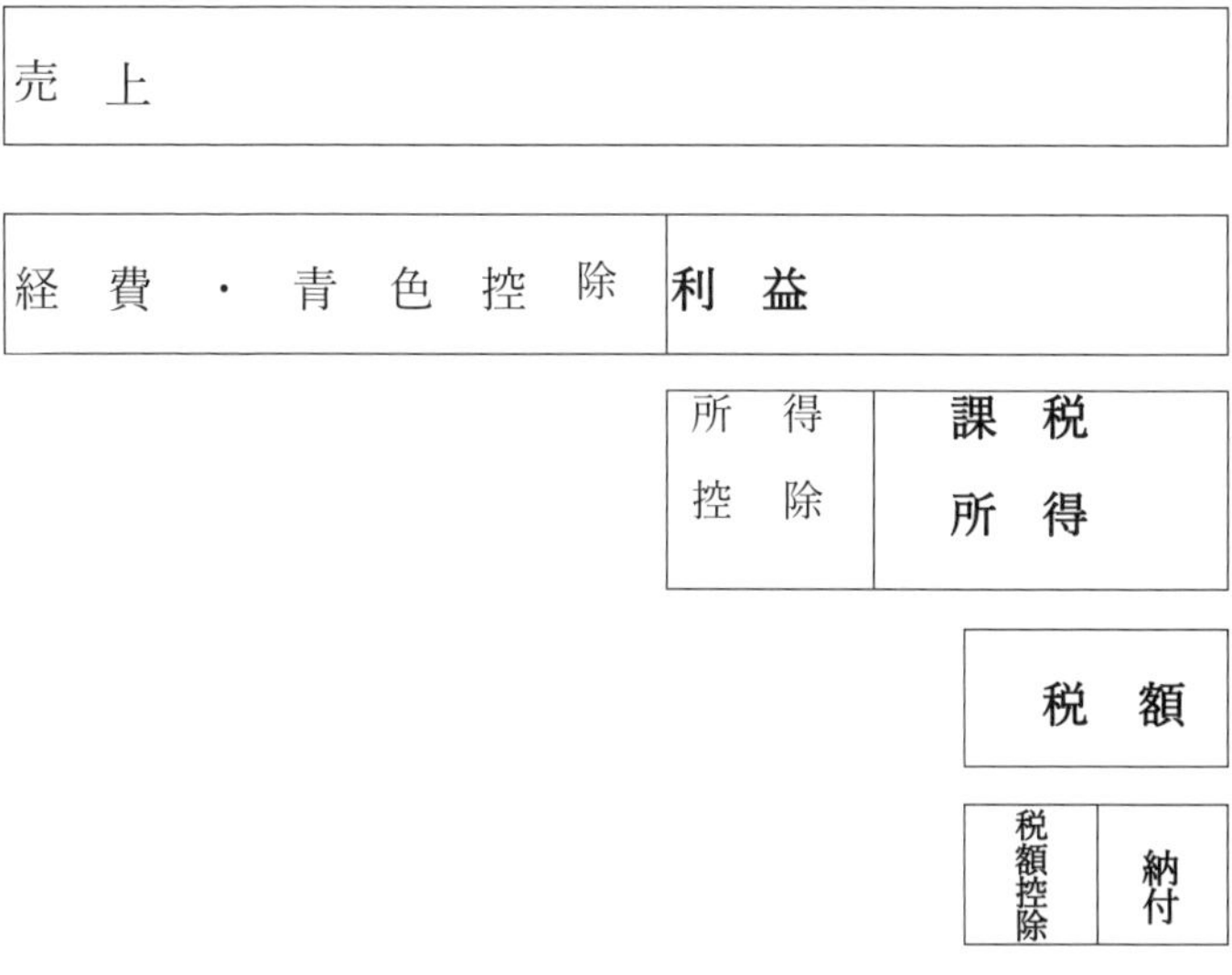

給与所得控除額の速算表

給与等の収入金額	給与所得控除額
1,625,000 円以下	550,000 円
1,625,000 円超　1,800,000 円以下	収入金額×40%－100,000 円
1,800,000 円超　3,600,000 円以下	収入金額×30%+80,000 円
3,600,000 円超　6,600,000 円以下	収入金額×20%+440,000 円
6,600,000 円超　8,500,000 円以下	収入金額×10%+1,100,000 円
8,500,00 円超	1,950,000 円

所得税の速算表

課税総所得金額等 A	税額の速算式
1,950,000 円以下	A×5%
1,950,000 円超　3,300,000 円以下	A×10%－　97,500 円
3,300,000 円超　6,950,000 円以下	A×20%－ 427,500 円
6,950,000 円超　9,000,000 円以下	A×23%－ 636,000 円
9,000,000 円超　18,000,000 円以下	A×33%－1,536,000 円
18,000,000 円超 40,000,000 円以下	A×40%－2,796,000 円
40,000,000 円超	A×45%－4,796,000 円

【収支計算書の経費計上による節税】

節税はむやみに減税することではありません
お金は会社を動かす潤滑油です
節税で将来の事業運営資金を確保する

収支計算書の費用を計上することで節税対策を行いますが、経費を無駄遣いすることは逆効果です。

税金は三～四割です。不必要な備品購入や飲食代でお金を使うなら、使わないで三割の税金を支払った方がましです。

会社の必要な資金を確保するために、無駄な税金を支払わないことであり、税金を少なくすることを目的とした節税ではありません。

節税することで、払わなくても良い税金を支払わずに済み、その結果、そのお金を将来の事業資金に活用し、事業を大きくすることを目的とします。

経営セーフティー共済（中小企業倒産防止共済制度）

【中小企業基盤整備機構】が運営

取引先の事業者が倒産した際に、掛金の十倍、最大八〇〇〇万円まで共済金の貸付が受けられます。**掛金は月額五〇〇〇円～二十万円で、年間最大二四〇〇万円が経費にできます。**

加入要件があり、一年以上事業を継続していること、製造業・小売業・サービス業などの業種ごとに要件があります。検討してみてください。

ただし、積立金を解約し受領した時点で、所得に加算しなければなりません。

専従者給与

青色申告該当者に認められた制度で、**届出を行うことで家族を社員として給与の支給が可能です。**給与として支払えば経費となります。

一方、白色申告の場合は、配偶者で八十六万円、その他の親族で五十万円しか控除されません。青色申告を行い専従者給与の届け出を行えば、届出の範囲内で給与の支給ができます。一〇三万円以下であれば所得税がかかりません。もちろん給与を支給する以上、仕事をする必要があります。

少額減価償却資産の特例

青色申告適用事業主で、少額減価償却資産の特例（青色申告決算書の「減価償却費の計算」の「適用」欄に「措法二十八の二」と記載する）として、**三十万円未満の備品を全額経費にできます**。ただし総額三〇〇万円までです。通常であれば数年にかけて減価償却しますのでかなり節税効果が高いと思います。

なお、二十万円以下の資産を一括償却資産として三年間で減価償却して経費にすることもできますので、どちらが有利か選択できるところにメリットがあります。

事業関連の経費

事業に関連する支出を行った場合は、経費にすることができます。領収書を捨ててしまい経費にしない人がいますが、非常にもったいないことと思います。

インターネット使用料、日用品、お客様との飲食代、職種によりますが理容代、きもの、洋服、ブランドバッグなども、事業に使用していれば経費にできます。

自宅利用で節税する

例えば、自宅を事業で使用している場合、その自宅が賃借物件であれば賃借料、購入した住宅で住宅ローンの支払いがあればローンの借り入れ利子、固定資産税、その他、電気代、ガス代なども、**使用割合で案分し、経費にできます。**

中小企業退職金共済制度

【独立行政法人勤労者退職金共済機構】が運営

中小企業が従業員のために毎月積み立てて、従業員が退職した時に退職金として支給されます。**掛金は経費として計上できます。月額一人五〇〇〇円～三万円まで積立が可能です。**

三十年積み立てた場合、三万円×十二か月×三十年＝一〇八〇万円ですが、掛金が経費となり、掛金以上の退職金の支給がありますので大変お得と思います。

加入は従業員のみで、個人事業主本人は加入することができません。全ての従業員に掛けなければなりません。**この退職金は、退職した従業員に直接支払われます。**

青色申告特別控除

青色申告特別控除は、**最高六十五万円の所得控除です。六十五万円の経費が認められた**

と同じです。ところが、帳簿を付けられないからと言って白色申告の者がいます。毎日の取引をノートに記入し、所得税青色申告決算書（損益計算書、貸借対照表）を作成して税務署に提出するだけで良いのです。

「**帳簿に記帳する**」という言葉だけで、めんどうで大変な作業だと恐れているようです。分からない点は、税務署や青色申告会などに聞くなどして青色申告を行うことをすすめます。

欠損金繰越控除

赤字になった時には、三年間の繰越が出来ます。翌年黒字になった場合は、前年の赤字金額を今年の黒字金額と相殺できます。青色申告をすることで節税になります。このような処理が三年間できます。**事業を始めたばかりのころは、赤字になるケースが多いので、事業開始から青色申告を行った方が良いと思います。**

【確定申告書の所得控除】

各種所得控除をもれなく計上する
所得控除は税法上認められたものです
所得控除は個人の人の経費と思ってください

【所得控除は忘れずに行う】

所得控除は、個人の所得金額から一定の金額を差し引く制度です。年末調整や確定申告で行います。この制度をしっかり活用することで、所得税や住民税の金額を減らすことができますので、節税につながります。

各種所得控除の種類はつぎのとおりです。

社会保険料控除・小規模企業共済等掛金控除・生命保険料控除・地震保険料控除・寡婦控除・ひとり親控除・勤労学生控除・障害者控除・配偶者控除・配偶者特別控除・扶養控除・基礎控除・雑損控除・医療費控除・寄附金控除、の十五種類あります。

こんなにたくさんの控除があって、なんだかわからない、私には関係ないと思っている者がいます。一つの項目を忘れるだけで二～三万の税金を余計に納める結果となる場合があります。忘れずに行ってください。

小規模企業共済制度

【独立行政法人中小企業基盤整備機構】が運営

小規模企業共済制度は、個人事業主や中小企業の経営者が事業をやめた時のための退職金積立制度です。**掛金は月一〇〇〇円～七万円で掛金全額が所得控除となります。年間八十四万円の所得控除はかなりの節税効果となります。**掛金は満期に退職金又は年金として受け取れます。受取時は所得が発生しますが、退職金として受領するなら退職金控除、年金として十年または十五年の分割受領をするなら年金控除、としてかなりの所得控除額があります。銀行に貯金するより数倍お得です。

社会保険料

従業員の社会保険料の金額は四～六月の給与の金額の平均をもととして「標準報酬月額」で決まります。残業時間も社会保険料の金額の査定になりますので、四～六月は残業時間を減らした方が良いです。七月以降昇給など給与額が増加した場合は、その後の随時改定で変更する場合がありますが、七月以降残業代が増加しても随時改定にはなりません。

個人型確定拠出年金（DC）（イデコ）

【国民年金基金連合会】が運営

個人型確定拠出年金（イデコ）は、公的年金に上乗せして、自分が拠出した掛金を、自分で運用して、給付が受けられる年金です。**掛金は全額所得控除となります。月額五〇〇〇円以上で個人事業主の月額掛金上限は六万八〇〇〇円です。**

運用商品の仕組みや特徴を理解したうえで、自分に合った商品を選ぶ必要があります。金融機関を通して加入の申し込みを行います。運用商品として、「元本確保商品」「投資信託」などがあります。

ただし公的年金（国民年金または厚生年金）を納めている者が対象となります。原則六十才まで引き出しができません。

扶養控除

扶養控除は、子供や親などの扶養の対象となる親族がいる場合で、所得額から控除できる制度です。

一人暮らしの大学生や、別居している両親の生活費を負担している場合なども、扶養控除の対象になります。

配偶者は扶養親族に該当しないため、扶養控除を受けることはできませんが、配偶者控除または配偶者特別控除を受けることができます。

ふるさと納税

寄付金額から二〇〇〇円を除いた金額が控除の対象で、総所得金額に応じて頭打ちが人により異なりますが、所得税・住民税から控除されます。**二〇〇〇円の負担で寄付金の三十%までの商品がもらえます。**

三〜五万円の寄付者が多いですが、十万円以上の寄付をしている人もいます。年末にお歳暮をいただきますが、自分が食べたいものをふるさと納税で寄付し、家族で返礼品を食べるのも良いと思います。

医療費控除

医療費控除は、自分や家族の医療費を払った場合で、十万円を超えて支払った場合（合計所得金額により十万円未満でも対象になる場合があります）、二〇〇万円まで控除可能です。この控除を行わない人がいますが、**個人の税率が高い人は還付金額も多くなりますので、忘れずに行ってください。**

(1) 税額控除

住宅ローン控除

住宅ローン借入控除は、税金控除ですから節税効果は大きいです。三〇〇〇万円のローンを組んで〇・七％で二十一万円の税金控除ですから、家を買う人は大きな減税効果となります。

(2) その他

マイクロ法人設立

個人事業主の法人化には大きなメリットがあります。個人から法人に変更するのでなく、**個人として事業経営しながら、法人を設立し、設立した本人が社長となり、従業員を雇わないで事業を営む形態の会社を「マイクロ法人」と呼んでいます。**

例えば、製造業と不動産貸付業を行っている事業者が、不動産貸付の事業をマイクロ法人の事業として運営する場合などです。

副業が増加している今日、マイクロ法人の設立が増加しているようです。

社会保険は、個人事業者が加入する①**「国民健康保険と国民年金」**、法人が加入する②**「健康保険と厚生年金」の①と②のどちらかに加入すればよいわけで、両方の加入の必要は**

ありませんが、法人を設立し役員報酬を支払うと、年金事務所から早々に加入の連絡がありますので、法人加入が強制的のようになります。

マイクロ法人は一人社長が小規模な会社運営をすることで、社会保険料の金額を抑えることができます。

【計算例2】では、個人事業主が製造業と不動産業の合計売上一三〇〇万円、経費七〇〇万円、所得六〇〇万円の場合で、不動産業についてマイクロ法人を設立し、社長の給料を一二〇万円とした場合の計算です。

1の個人事業一六一万円。2の個人事業と3のマイクロ法人の合計八八万円でマイクロ法人を設立した方が有利です。

1の個人事業で製造業と不動産業をやっていると、①社会保険八十三万円、②所得税三十八万円、③地方税四十万円、**合計一六一万円**となります。

一方、マイクロ法人を設立し、2の個人事業は製造業、3の法人は不動産業で事業を分散すると、

2の個人事業の製造業で、①社会保険〇円、②所得税十八万円、③地方税二十八万円、合計四十六万円で

3のマイクロ法人の不動産業で、①会社負担の法定福利費十六万円、③個人負担の社会保険十六万円、②法人税十万円、④所得税五〇〇円、⑤地方税一〇〇〇〇円、合計四十二万円で、

2の個人事業四十六万円と3のマイクロ法人四十二万円、合計八十八万円となります。

【計算例2～4】は三十歳独身、介護料なし。国民年金月一万六九八〇円。年間約二十万円の場合です。また、個人事業と法人の社会保険、所得税、個人地方税、法人税の負担額を概算計算していますが、他に個人、法人の事業税、地方法人税等もあります。

【計算例 2】　　　　【単位：万円】

1. 個人事業（製造・不動産）	
収入	1,300
経費	▲700
青色控除	▲65
所得	535
基礎控除	▲ 48
①社保	**▲83**
課税所得	404
②所得税	**38**
③地方税	**40**
①〜③ 社保税金計	**161**

2. 個人事業（製造業）	
収入	1,000
経費	▲600
青色控除	▲65
所得	335
基礎控除	▲48
①社保	**0**
課税所得	287
②所得税	**18**
③地方税	**28**
①〜③ 社保税金計	**46**

3. マイクロ法人（不動産業）	
売上	300
経費	▲100
給料	▲120
①法定福利	**▲16**
利益	64
②法人税	**10**
−	−
給与所得	65
基礎控除	▲48
③社保	**▲16**
課税所得	1
④所得税	**0.05**
⑤地方税	**0.1**
①〜⑤ 社保税金計	**42.15**

【社会保険料の計算】【新宿区】

	医療分	支援分	介護分
均等割	49,100 円×世帯加入者	16,500 円×世帯加入者	16,500円×40～60 歳の世帯加入者数
所得割	基礎金額×8.69%	基礎金額×2.80%	40～60 歳の基礎金額×2.16%
賦課限度額	65 万円	24 万円	17 万円

個人事業者の社会保険料の計算は新宿区の場合を参考にしました。

所得割の基礎金額は、総所得金額から基礎控除四十三万円を引いた金額です。

国民年金は月一万六九八〇円、年間約二十万円。**マイクロ法人を設立した場合、法人は赤字でも七万円の税金が発生します。**

さらにメインの事業は、**個人事業で行う必要があります。マイクロ法人はあくまで一人会社で、小規模な会社です。**

個人と法人の事業を別にします。同じ事業を、個人と法人で行っていると、税務署は税金対策と考え法人の実態を否認します。

【下手な小細工はしない】

税金逃れのための小細工を行うと税務署はだまっていません。実際、私は、現役の時にマイクロ法人ではありませんが、代表者が同じ同業種の関連会社との取引を否認したことがあります。

調査官は一人で来ますが、調査官の後ろには国税という巨大組織があります。調査官は、取引の内容を確認するために来ています。問題があれば、調査官でなく巨大組織と争うこととなります。

調査官は、法律をどのように解釈するか判断する時は、税務署の審理担当者と相談します。税務署の審理担当者が手に負えない時は、国税局の審理担当者と相談します。そこで案件の是非を決定します。

つまり、調査官は、事業者の行っている計算が正しいか判断するとともに、審理担当者と相談できるように証拠を集めています。したがって、**調査官と争うのでなく、国税局と争うこととなります。**

法人成

法人化することのメリットとして、社会的信用が高まると言われます。税制上も節税効果が高くなります。マイクロ法人を設立するか、個人事業主から法人成するかの選択がありますが、規模が大きくなった場合は、法人成が良いと思います、

法人成する場合の規模として、個人事業で行っていた時の所得が六〇〇～七〇〇万円を超えたら考えた方がよいと思います。

会社を作らない方が良い場合もあります

会社を作って出た利益を役員報酬にしただけでは、会社で計算する社会保険（厚生年金含む）が高いです。個人事業に比較するとかなりの高負担になります。

個人事業から法人に変えた場合は、**社会保険の二分の一を会社が負担するため、会社負**

担の社会保険と法人が支払う税金を考慮しなければなりません。

【計算例3】では、売上一五〇〇万円、経費一〇〇〇万円、売上利益五〇〇万円、社長の給料五〇〇万円の場合の個人と法人を比較して計算してみました。

個人合計一二三万円。法人合計一七七万円で個人が有利です。

1の個人事業は、①社会保険（国民健康保険五十一万円、国民年金約二十万円）七十一万円、②所得税二十一万円、③地方税三十一万円、社会保険と税金の合計一二三万円となります。

一方、法人を設立し

2の法人は、社長の給料月額四十一万円で、①法人負担法定福利費七十万円、③個人負担社会保険七十万円、合計一四〇万円（健康保険五十万円、厚生年金九十万円）、④所得税十四万円、⑤地方税二十三万円、社会保険と税金の合計一七七万円となります。

厚生年金の掛け金は、国民年金に比較してかなり高額です。そのため、厚生年金は六十五歳から受け取る時には、国民年金の三～四倍以上もらえます。

会社員は六十才で退職します。その後の生活の保障を考えての支給となっているため、掛金は高く設定し多く支払うようになっています。

自営業者は、いつまでも働けると言うことで、掛金は少なく支給も少なくなっています。

このような制度は、昭和の時代の政府の対策ですが、退職後の再雇用、労働意欲の高齢化など今の時代に合っていません。

六十才で退職して年金をもらう人は、非常に少ないです。今の時代当たり前のように再雇用で六十五才まで働いています。

年金の支給を遅らせる案が政府で考えられています。単純に支給時期を遅らせることよりも、厚生年金と国民年金の、それぞれの掛金ともらえる年金の平準化をすることの方が先だと思います。

【計算例3】【単位：万円】

利益500万円を全額役員報酬の場合

1個人事業	
収入	1,500
経費	▲1,000
売上利益	500
青色控除	▲65
所得	435
基礎控除	▲48
①社保	**▲71**
課税所得	316
②所得税	**21**
③地方税	**31**
①～③計 社保税金計	**123**

2法人	
売上	1,500
経費	▲1,000
売上利益	500
給料	▲500
①法定福利	**▲70**
当期利益	0
②法人税	**0**
ー	―
給与所得	356
基礎控除	▲48
③社保	**▲70**
課税所得	238
④所得税	**14**
⑤地方税	**23**
①～⑤計 社保税金計	**177**

【計算例4】では、売上一五〇〇万円、経費七〇〇万円、売上利益八〇〇万円、社長の給料五〇〇万円の場合の個人と法人を比較して計算してみました。

個人合計二三六万円。法人合計二一四万円で法人が有利です。

個人事業では、八〇〇万円の利益が出る場合、**【計算例3】**の五〇〇万円の利益と比較して、社会保険と税金の増加が著しいです。個人所得税が累進税率のためです。

1の個人事業は、①社会保険（国民健康保険八十五万円、国民年金年間約二十万円）合計一〇五万円、②所得税七十三万円、③地方税五十八万円、社会保険と税金の合計二三六万円となります。

2の法人の社長の給料月額四十一万円で、①法人負担の法定福利費七十万円、③個人負担の社会保険七十万円、合計一四〇万円（健康保険五十万円、厚生年金九十万円）です。②法人税三十七万円、④所得税十四万円、⑤地方税二十三万円、社会保険と税金の合計二一四万円となります。

【計算例4】【単位：万円】

利益800万円 報酬500万の場合

1個人事業	
収入	1,500
経費	▲700
売上利益	800
青色控除	▲65
所得	735
基礎控除	▲48
①社保	**▲105**
課税所得	583
②所得税	**73**
③地方税	**58**
①〜③計 社保税金計	**236**

2法人	
売上	1,500
経費	▲700
売上利益	800
給料	▲500
①法定福利	**▲70**
利益	230
②法人税	**37**
給与所得	356
基礎控除	▲48
③社保	**▲70**
課税所得	238
④所得税	**14**
⑤地方税	**23**
①〜⑤計 社保税金計	**214**

主な法人税・加算税・延滞税

【主な法人税率】	課税区分	税率
資本金1億円以下	**所得800万以下**	**15%**
	所得800万超	**23.2%**
上記以外		23.2%
地方法人税	**法人税額**	**10.3%**
【主な加算税】		税率
過少申告加算税	納付すべき税額	10%
重加算税	納付すべき税額	35%
無申告加算税	納付すべき税額	15%
無申告重加算税	納付すべき税額	40%
【主な延滞税】		割合
①納期限から2カ月内	税額	2.4%
②納期限から2か月後	税額	8.7%

延滞税の割合は、令和4年1月1日から令和6年12月31日までの期間です。

※法人税、加算税、延滞税の内、主な税率を掲げてあります。詳しくは、国税庁ホームページ参照

「会社組織は個人事業よりも税金が安い」といわれますが、確実に税金が有利なわけではありません。

とはいえ、**会社は、個人事業者よりさまざまな経費の計上が認められるなど多くの節税方法があります。この節税方法を活用しなければ、会社負担の社会保険と税金は、個人事業時代よりも高くなります。**

会社負担の税金は、法人税、地方法人税、法人事業税、法人住民税などの税金があります。**赤字法人でも道府県民税二万円、市町村民税五万円、合計七万円かかります。**

会社を作った場合は、登記・取引の仕訳・記帳・法人税申告書作成、などのいろんなことがあり手間がかかります。

①法人設立の費用がかかる
②赤字法人でも税金が発生する
③銀行口座を作るのが難しい（銀行は法人名義の口座開設に厳しい）
④社会保険や厚生年金の掛金が高く二分の一を会社が負担しなければならない

⑤自分の給与を自由にできない
⑥税務調査の確率が上がる
⑦申告書作成のため税理士に依頼すると、個人に比較し税理士報酬が上がる

株式会社と合同会社の相違点

①合同会社は、安く設立できる
②合同会社は、出資者が経営者のため所有と経営が一致し、株主総会の開催が無い
③合同会社は、決算公告義務がない
④合同会社は、知名度が低い
⑤合同会社は、役員の任期が無い（株式会社は十年）
⑥合同会社は、株式上場できない
⑦合同会社は、非常勤役員がいない
⑧合同会社は、役員の死亡が退社扱いとなり、会社の地位を相続できない

⑨令和六年十月から株式会社は、代表取締役の住所を非開示にできるが、合同会社は、引き続き代表取締役の住所が謄本に記載されます

有名企業が合同会社を設立している理由として、①合理的な経営ができる、②迅速な意思決定ができる、③決算公告が不要、などと言われています。主な合同会社として、グーグル合同会社、アップルジャパン合同会社、アマゾンジャパン合同会社
デロイトトーマツ合同会社、コダック合同会社、合同会社西友、などがあります。

個人の開業手続き

会社勤めのサラリーマンをやめて、フリーランスや個人として事業を開始する場合は、**いくつかの書類を税務署に提出しなければなりません。**

①個人事業の開業・廃業等届出書、事業を開始した日から一か月以内

②所得税の青色申告承認申請書、事業開始から二か月以内、ただし一月一日〜一月十五日

開業の場合は、開業した年の三月十五日まで。青色申告は、節税効果が高いため是非提出してください。

③他に、「給与支払い事務所等の開設・移転・廃止届出書」「源泉所得税の納期の特例の承認に関する申請書」「青色事業専従者給与に関する届出・変更届出書」など

個人事業主の社会保険関係書類（国民健康保険、国民年金）の届け出は、各市町村役場です。

【設立費用】

手続き場所	項目	株式会社	合同会社
公証役場での定款認証	収入印紙	4万円（電子申請0円）	
	認証手数料	3〜5万円	0円
法務局での登記申請	登録免許税	15万円以上	6万円以上
	合計	**18〜24万円以上**	**6〜10万円以上**

法人の設立手続き

【設立費用】

設立費用は上記の通り、**株式会社十八万円以上、合同会社は六万円以上かかります。**

【株式会社の設立は司法書士に依頼】

株式会社は、公証役場での定款認証の手続きが必要なため、スムーズに申請が通るとは言えませんので、司法書士に依頼した方が良いと思います。

そのため、上記の金額のほかに司法書士への手数料が発生します。

【合同会社の設立は個人でもできます】

合同会社は、個人で申請書を作成し法務局へ届け出る人が多いです。当会計事務所でも税理士は登記申請できないため、申請書の下書きを行い、代表者に法務局へ行っていただき申請してもらいました。

マイナポータルで一括申請可能ですが、難しいためおすすめしません。

法人の設立届出

新設法人の届出書として税務署に届け出るもの

①法人設立届出書（設立後二か月以内）
②給与支払事務所等の開設届出書（設立後一か月以内）
③源泉所得税の納期の特例の承認に関する申請書（給与の支給人員が十人未満の場合、源泉所得税の納付を半年分まとめて一月と七月の二回となります）
④**法人の青色申告の承認申請書、設立後三か月以内か事業年度終了の早い日**

⑤消費税関係の届出書、などがあります

社会保険関係書類として

⑥年金事務所（健康保険、厚生年金）

⑦労働基準監督署（労災保険）

⑧公共職業安定所（雇用保険）などがあります

社長一人のマイクロ法人でも、健康保険、厚生年金保険の加入が必要です。

【法人の節税対策】

法人の利益を800万円以下に抑える
役員報酬によって手取り額が変わる
法人は個人より経費の枠が大きい

法人の利益は八〇〇万円以下

資本金が一億円以下の法人で所得八〇〇万円以下の法人税率十五％、八〇〇万円を超える部分は約二十三％となるため、八〇〇万円以下に利益を抑えることが必要ですが、利益を抑えるために飲食費など不必要な支出で消費することは言語道断です。

無駄な費用で資金を支出するなら、経費を抑えて税金を払った方が会社にとって良いことです。法人税、住民税、事業税等総合税率（実効税率）は約三十四％と言われています。

適度な役員報酬

役員報酬は会社の経費になりますので、法人の利益が多額に出るようならば役員報酬を上げることをすすめます。しかし高額な役員報酬は、社会保険料や厚生年金にも影響します。

役員報酬を期中に上げた場合は、増額した金額は経費になりませんので、事業年度の期首から三か月以内に決めておかなければなりません。

役員報酬を少なくすると、厚生年金の掛金が少なくなり、将来もらえる年金も少なくなります。個人事業で所得が五〇〇～六〇〇万円を超えたら、法人設立を考えた方が良いかと思います。役員報酬も七〇〇～八〇〇万円から一〇〇〇万円程度でしょうか。

私が現役のころ、年間の社長の報酬は一二〇〇万円の希望が多かったようです。

【届け出ることで役員賞与は経費】

役員賞与は経費になりませんが、「事前確定届出給与」に関する届けを提出することで、決まった日時に決まった金額を支給すれば経費にできます。今年の売上が好調で利益が出そうな場合に、賞与の届け出を行い、決められた日時に決められた金額を支払えば賞与は経費になります。業績が悪化した場合は、支払う必要はありません。

経営セーフティー共済（中小企業倒産防止共済制度）

【独立行政法人中小企業基盤整備機構】が運営

個人事業者の節税対策の項目で説明しましたが、取引先の事業者が倒産した際に、掛金の十倍、最大八〇〇〇万円まで共済金の貸付が受けられます。**掛金は月額五〇〇〇円～二十万円で、年間最大二四〇万円が経費にできます。**加入要件があり、一年以上事業を続けること、製造業・小売業・サービス業など業種ごとに要件があります。

少額減価償却資産を活用

個人事業者の節税対策の項目で説明しましたが、青色申告法人で、少額減価償却資産の特例（確定申告書に（別表16(7)）を添付する）で、**三十万円未満の備品を全額経費にできます。ただし総額三〇〇万円までです。**

社宅制度の活用

【会社名義で部屋を賃借し社宅に利用】

会社名義で住宅を借りて社長や社員に貸します。賃借料は会社の経費となります。**社長や社員は賃料の五十％か固定資産税評価額の計算で算出した金額（賃料の約二十％程度）を会社に支払うことで安く住むことができます。**

社長に対する固定資産税評価額の計算は、一三二㎡（木造家屋以外の家屋は九十九㎡）

以下の住宅となります。家賃十万円（九十九㎡以下）のマンションの場合、会社への支払**いは約二万円程度で済みます。**

【社長の自宅を会社に貸し付ける・会社名義で住宅を購入する】

社長の家を会社に貸し、空いている部屋を仕事部屋として、使用割合で按分して会社から賃料を受け取ります。**会社は賃料の額を経費にできます。社長は会社から家賃収入を得ます。給料ではありませんので社会保険料がかかりません。**

一方、会社名義で住宅を購入し、「社宅」として社長に貸します。固定資産税、借入金利息は会社の経費になります。社長は「社宅」を借り、家賃を会社に支払います。家賃は、前項の会社名義で部屋を賃借して「社宅」で利用している場合と同じです。

旅費規程の活用

社長や社員が出張した場合、交通費、宿泊費をその都度精算して経理部に提出します。この計算が面倒なため、**旅費規程を作成し、日当五〇〇〇円、宿泊費一万五〇〇〇円、交通費一万円、合計三万円など決めておいて出張する人に渡します。**精算はありませんので、出張した人は精算書を作らなくて済みます。

社員が一万五〇〇〇円以下の安いホテルに泊まれば、宿泊費の差額は社員の手取りとなります。日当や宿泊費は社会通念上の金額とします。**この金額は会社の経費となりますが、従業員は給与とならないため非課税です。社会保険料もかかりません。**

福利厚生費の活用

福利厚生費は、社員のための費用です。**社員全員を対象とし、社会通念上相当な金額で**

あれば福利厚生費として認められます。

【忘年会、新年会、会社記念日】

忘年会・新年会・会社の記念日などは「全員参加」することで会社の経費になります。経費になるものはしっかりと経費にすることが必要です。

【通勤手当、社員旅行】

通勤手当は、通勤に要する費用として従業員に支給されるものです。「経済的かつ合理的な経路」として、一定金額まで経費として認められます。

社員旅行四泊五日以内であれば、海外旅行も含め福利厚生費として認められます。ただし社員の五十%以上の参加で、一**人当たり十万円以下**（**おおむねの目安**）、欠席者には現金を支給しないなどの制約があります。

小規模法人で、社員全員が家族であれば、家族で旅行したとしても、社員全員となりますので福利厚生費として使えます。

【スポーツクラブ・レジャークラブ・慶弔費・勤続表彰】

スポーツクラブ・レジャークラブなど、法人が契約し社員全員が利用できるのであれば、福利厚生費として認められます。

慶弔費、勤続表彰など、役員や従業員の結婚祝い、病気見舞い、香典などの慶弔関係、十年勤続社員の記念品、旅行への招待などの表彰祝いなど、**社会通念上の金額であれば福利厚生費として認められます。**

交際費の活用

交際費は、取引先との接待で支出する費用です。**中小企業の場合年間八〇〇万円まで経費に出来ます。**

ゴルフのプレイ代を交際費にすることはもちろん可能です。自分のプレイ代を含め全額交際費の計上が可能です。ただし練習代は認められません。会社の社員と飲みに行った場合も、社内交際費として認められます。一部の社員であれば交際費です。

一次会は交際費、二次会は認められないと言う人もいますが、一次会でも二次会でも、お客様との接待であれば交際費です。例えば、一次会に居酒屋へ行き、二次会にスナックや高級クラブに行っても接待には変わりません。

なお、飲食費は、一回の金額が一万円以下の場合交際費としない（経費算入で可能）と規定されました。

副業として個人事業を活用

個人事業として副業するということは、個人でマイクロ法人を設立することと逆のことです。仕事の中心は法人ですが、社長個人として法人の仕事とは別の仕事を行うことです。会社と同じ仕事だと競業避止義務として認められなくなります。法人が製造業であれば、個人は電気工事業などです。

【メリット】

①個人事業が赤字の場合、法人からもらう給与と損益通算できる。損益通算できるのは、個人の不動産所得、事業所得、山林所得、譲渡所得です。

②青色申告控除と給与所得控除の両方ができる。

③法人事業、個人事業で交際費が可能。法人は八〇〇万円までですが個人は限度がありません。

④個人事業でも経営セーフティー共済加入が可能です。

⑤個人事業として所得があるため、法人の給与を減らすことで、社会保険料を抑えることができます。

⑥法人の社長が相続税対策を兼ねて、不動産貸付業を行っている人が結構います。

【デメリット】

①事務処理は、個人と法人の二つ行うため厄介です。個人の申告は、二月の確定申告期となるため、法人の決算期は、数か月遅い方が良いと思います。

②会計事務所等への手数料の支払いが発生します。
③個人事業の規模が大きくなり利益が出ると税金が増加します。
④取引が個人なのか法人なのかを判断しなければなりません。経費などは、個人事業にかかる経費なのか法人事業にかかる取引なのか見極める必要があります。

【その他の費用】

合法的な費用計上で節税を行う
費用計上できるのに行わない会社がある
無駄な支出ではありません

【開業費】

会社を設立するまでに支出した費用が開業費として経費にできます。設立の登記費用や机や消耗品の購入費用です。

ただし、十万円以上するものや、仕入代金や保証金などは認められません。

【家族の給料】

家族に従業員として給与を支払うことができます。ボーナスの支払いも可能です。

家族であれば、従業員として使いやすく、利益が出た時に決算期末で家族にボーナスの支給もできます。

ただし、「給与の額に相当する仕事」をしなけ

ればなりません。他の社員と同程度の仕事をする必要があります。月額八万円で年額九十六万円であれば、配偶者控除や扶養控除を受けることができます。

【退職金制度】

会社の代表者が退職した場合は退職金を支給することができます。個人事業では、事業主が退職しても退職金を支給することはできません。

例えば、セーフティー共済や民間の保険に加入し、解約した場合は解約金が雑収入となります。そこでこの収入が入った時に、社長が退任し息子を社長にして後を継がせることができます。その場合、**解約金を退職金に充当し退職金を支払うことで、保険金の収入と退職金を相殺することができます。**

あるいは、社長の子供を役員に昇格することで、退職金の支給が可能です。ただし、気を付けなければならないことは、社長の退任や子供の役員昇格の場合「**職務内容や待遇が大きく変わる**」ことが必要です。

また、退職金の支給も高額の場合否認されることがあります。おおむね、**給料の最終月額×在職年数×「功績倍率」を目安としています。「功績倍率」は、役員で「二倍」、社長で「三倍」以内なら大丈夫とされています。**

【事業関連経費】

会社の事業のために使用した携帯電話代、仕事に関係した書籍の購入費用や事業のために必要な英会話学校等の授業料などは、会社の経費として認められます。これらの費用を会社の経費に計上していない経営者がいますが、事業のために使った費用ですから、経費にできるものは経費にした方が良いと思います。

「塵も積もれば山となる」という言葉があります。金額が少ないからと言って、領収書をもらわなかったり、捨てたりしたらもったいないです。一年分の領収書を地道に保管しておくと意外と多くあるものです。医療費控除よりも税金に影響するかもしれません。

シャネルのバック・ポルシェは経費

高級ブランド品は、経費に落とせないと思っている人がいます。それなら、芸能人や映画スターが身に着けているドレスやバッグは経費に落ちないのか？　そんなことはありません。**事業として、仕事として使用しているなら必要経費です。シャネルのバッグを持って女性社長がお客さんの所に商談に行っていれば必要経費です。**

私が現役の頃、一九八〇年代のバブル真最中でスーパーカー全盛期の時代。ある社長がポルシェを法人の資産に計上し、減価償却を行っていました。そこで、社長にポルシェを見せてください、と言ったところ、社長から「どうぞ」と。

ポルシェは会社一階のガレージの中。この時、このポルシェが自宅にあって、助手席に子供のぬいぐるみが置いてあったり、経費に落ちているガソリンの給油が土曜・日曜で、日光や那須高原などの観光地ならば、その場でポルシェは否認です。

社長は、ポルシェで得意先を回っているとのこと。得意先に行って聞いてもらっても構いませんとのこと。なぜ、ポルシェに乗る必要があるのかと聞くと、社長としての「ステイタス」とか。

会社の経費になるかならないかは、値段やブランドではありません。事業で使っているか、仕事として使っているかです。仕事で必要なものは経費になります。

領収書が無くても大丈夫

領収書がありません、だから経費にできません。そんなことはありません。世の中には領収書のない取引は山ほどあります。

例えば、結婚祝い、ご祝儀、香典、自動販売機で買った飲料水、現金購入の電車代の切符、現金払いのバスの乗車賃これらは領収書がありません。そこで、領収書代わりに、日付、金額、渡した相手、乗車区間などを出金伝票にメモすればよいです。

建設業者などで、現場経費として毎月数万円計上している会社もあります。業種にもよりますが、どうしても領収書がもらえない場合があります。きちっとメモすることで支出の信ぴょう性は担保されます。

とはいえ、五十万円、一〇〇万円の備品を購入したものを、領収書がありません、メモします、では通じません。アウトです。常識的な取引で、常識的な金額で、誰が見ても納得いくものならば、税務署も文句は言えません。諦めずに、費用として支出したのであれば、計上できるものは計上しましょう。

【会社負担の掛金】

従業員の福利厚生として費用計上します
解約金は従業員の退職金や年金にします
節税対策としてのメリットがあります

従業員のための掛金を福利厚生費として費用計上を行います。将来解約して戻ってくるときは、雑収入となることが多いです。

そこで、**従業員の退職金と相殺します。同金額を、退職金や年金として受け取れるので節税効果が大きいです。**

さまざまな節税方法がありますが、合法的な方法で、不正行為ではありません。

節税対策は、実施しないと効果がありませんので、現実的にひとつずつ実施していくことです。

会社加入の生命保険

社長に対する生命保険を、会社が保険の掛金を支払い、受取人を会社とする生命保険に入っている会社があります。**解約時には、会社受取で雑収入となりますが、社長の退職金と相殺することができます。**また運転資金の必要な時や、赤字経営となった時など赤字額と相殺することが出来ますので、検討してみてはどうでしょうか。

企業型確定拠出年金（ＤＣ）

【実施企業】が運営

企業型確定拠出年金（ＤＣ）は、**企業が掛金を拠出し従業員が運用する制度です。社長・役員・従業員が加入できます。**掛金は、会社が企業型確定拠出年金ＤＣに加入の場合は、月額上限五万五〇〇〇円、企業型確定拠出年金ＤＣと確定給付企業年金ＤＢなどの他制度に加入する場合月額上限二万七五〇〇円で、**掛金は経費となり、受取時は「退職所得」「年金」での受け取りが可能です。**

【会社員がイデコに加入する場合】

個人事業者の節税対策の項目（個人型確定拠出年金（DC）（イデコ））で説明しましたが、会社に企業年金がない会社員は、月額掛金上限二万三〇〇〇円、企業型確定拠出年金（DC）のみに加入している会社員は、月額掛金上限二万円です。

確定給付企業年金DBと企業型確定拠出年金DCに加入している会社員や確定給付企業年金DBのみに加入している会社員及び公務員は、月額上限一万二〇〇〇円です。

第三号被保険者専業主婦は、月額掛金上限二万三〇〇〇円の積み立てが可能です。**受け取り時は「退職金」「年金」として扱うことができます。**

確定給付企業年金（ＤＢ）

厚生年金保険の加入者で、掛金は会社が負担します。社長・役員・従業員が加入できます。**掛金は会社の経費となります。**受取時は、「退職金」「年金」として受け取り可能です。掛金部分の給与を減額することもできます。この場合は、社会保険、税金の軽減になります。

はぐくみ企業年金（福祉はぐくみ企業年金基金）

はぐくみ企業年金は、「確定給付企業年金（ＤＢ）」に分類される企業年金制度です。**従業員や経営者（役員）が将来のために自分の給料から毎月積み立てる制度**で、会社をやめた時や役員を退任した時など、積み立てた金額が支払われます。

掛金が一〇〇〇円から給料の二十%までで、**受取時は退職所得として税金が優遇されます。**

給料が三十万円だと二十%で六万円の積み立てで、給与の総額から控除されるため支払給料が二十四万円（三十万円▲六万円）となり、社会保険と税金が安くなります。会社が加入して、この制度を行うか行わないかは本人が決めることができます。六万円の積み立てで年間七十二万円、**三十年で二一六〇万円＋利息が支給されます。**

退職所得の税金計算を行うと、（三十年▲二十年）×七十万円＋八〇〇万円＝一五〇〇万円、二一六〇万円－一五〇〇万円＝六六〇万円×〇・五＝三三〇万円、所得税二十三万円、地方税三十三万円、合計五十五万円の税金で済みます。

この制度は、できてから六年で事績が少ないです（スタートが二〇一八年）。一人社長は加入できません。

ただし、毎月六万円の積み立てを行うと、標準報酬月額が少なくなり、本人負担と会社負担の社会保険、厚生年金の掛金が約一万七〇〇〇円減ります。**所得税、住民税を減らす**

ことができますが、将来もらえる年金の額が減ることとなります。

中小企業退職金共済制度

【独立行政法人勤労者退職金共済機構】が運営

個人事業者の節税対策の項目で説明しましたが、中小企業が従業員のために毎月積み立てて、従業員が退職した時に退職金として支給されます。**掛金は会社の経費**として計上できます。**月額一人五〇〇〇円から三万円まで積立が可能です。**

三十年積み立てた場合、三万円×十二か月×三十年＝一〇八〇万円ですが、掛金が経費となり、掛金以上の退職金の支給があります。法人企業の役員は加入できません。全従業員に掛けなければなりません。この退職金は、直接退職した従業員に支払われます。

小規模企業共済制度

【独立行政法人中小企業基盤整備機構】が運営

個人事業者の節税対策の項目で説明しましたが、中小企業の経営者や個人事業主のための退職金積立制度です。掛金は月額一〇〇〇円～七万円の範囲内で選択出来て、掛金全額が所得控除となります。**最大年間八十四万円の所得控除はかなりの節税効果があります。八十四万円の所得控除が受けられますので、同額八十四万円の給与を増額し、給与の増額分を会社の経費にすることもできます。**

利益が出たら社員に決算賞与を支給

利益が出たからと言って、決算期末に無駄な買い物をする会社があります。税金を払うくらいなら、物を買って経費に落とす。会社にとって必要なものならば良いですが、不必要なものを買って経費に落とすくらいなら、買わないほうが良いです。

一〇〇万円の不必要なものを買えば、一〇〇万円の現金が出ていきます。税金は三十％弱です。**そんなことをするなら税金を払った方が良いです。七十万円の現金が残ります。**

よくあるケースで、**決算賞与を従業員に支払う会社があります。たとえ十万円でも賞与をもらえれば従業員は嬉しいものです。**決算賞与は、自分たちが頑張って努力した結果が会社の利益につながったのですから、とてもうれしく思うものです。

決算月は事業の繁忙期の後

決算月の変更を行うことができます。決算月は業務の忙しい時期が過ぎた時を決算月にした方が良いと言われています。

申告書作成の時間が取れる、繁忙期の後ならば売掛金の回収が行われ、納税資金が確保できる、などです。法人が赤字になっても消費税は必ず発生します。全ての中小企業は、消費税の納付に苦労しています。

忙しい時期が過ぎて、申告書の提出が終わり、翌期の事業年度を迎えた期首に、事業運営にゆとりがあると、社長は、**役員報酬の年額の決定、届出給与による役員賞与の支払い日時、節税対策、新年度の事業計画の策定**などの、年間計画を立てやすくなります。

日本の場合三月決算が多いです。あえて三月期を除いて、四～十月の間に決算期を立てるのも一つの方法と思います。

個人・法人の掛金控除

	項目	掛金	対象者
1	経営セーフティー共済	個人事業経費 法人経費	個人事業主 法人
2	小規模企業共済制度	個人の所得控除	個人事業主 会社社長・役員
3	中小企業退職金共済制度	個人事業経費 法人経費	従業員
4	個人型確定拠出年金　(DC) （イデコ）	個人の所得控除	個人事業主 会社社長・役員 従業員
5	企業型確定拠出年金（DC) 日本版 401K	法人経費	会社社長・役員 従業員
6	確定給付企業年金（DB)	法人経費	会社社長・役員 従業員
7	はぐくみ企業年金（DB)	法人経費	会社社長・役員 従業員

DC：確定拠出年金　　　DB：確定給付企業年金

第Ⅲ章　資金繰りで会社拡大

【現金の多い会社は強い】

赤字でもあわてない黒字でも倒産する
危機はいつやってくるかわからない
頼りになるのは現金で借金はダメでない

【倒産はいつ来てもおかしくない】

会社の倒産はなぜ起きるのか、「事業がうまくいかないから、赤字が続いているから、**債務超過だから」は当然ですが**、赤字だからと言って倒産するわけではありません。黒字倒産もあります。

つまり資金がないから倒産するのです。

資金がないなら銀行から借金すればよいのです。赤字になってから借金しようとしても銀行は貸してくれません。事業がうまく行っている時や余裕資金がある時に、銀行と仲良くなって借りた方が良いです。

【銀行借り入れはあっても良い】

借金を嫌がる経営者がいます。会社に余裕資金が豊富にあって一年以上仕事が無くてもやっていけるなら良いでしょう。そのような会社は珍しいです。ほとんどの中小企業は二～三か月分の預金しかありません。そのような状況で借金を返済しゼロにする。会社の預金は一か月分しかない、なんてことになったら大変です。自分で自分の首を絞めるようなものです。**事業運営を行うために運転資金は必要です。**コロナ禍を乗り越えて来た経営者なら分かると思います。

「現金が会社を救う」と言われます。**会社が倒産するのは、赤字だからではなく、黒字でも倒産することはあります。**もちろん赤字は、会社の営業がうまくいかず、資金繰りも悪いから倒産するのは納得しますが、黒字であっても、資金がショートして倒産することもあります。手持ち現金はどれくらい必要なのかと言われると、一般的に給料や家賃などの固定費の六か月分と言われています。これだけの現金があれば、なにかの事情で営業ができなくなっても会社は存続すると言うことです。

株式などの投資資産や生命保険の積立金などは、手持ち現金に余裕ができてから購入することをすすめます。

経営の危機はいつ来るかわかりません。大地震が来て、社屋が倒壊の危険に見舞われることもあります。コロナ禍となり、まさか日本国中が営業ストップ、こんなことは初めてでした。

銀行は無利息で資金の貸し付けを行いました。資金はあるから大丈夫である企業も借りていました。無利子だからでしょうが、借りられるときに借りることは正しいと思います。

銀行の悪口ではありませんが、「**力強い会社にはお金を貸し、本当にお金が必要で弱っている会社にはお金を貸さない**」と言われています。**だからこそ借りられるときに借りる、返済は急ぐことはないと思います。**

【流動比率二〇〇%は一般論】

企業の資金繰りなどの分析があります。現実的に中小企業に当てはまるとは言えませんが、決算期末の貸借対照表の数字をもとに分析します。

流動比率は、流動資産／流動負債×一〇〇＝二〇〇％

資産		負債	
現金	100	**買掛金**	300
売掛金	500		
		資本（純資産）	
		資本金	100
		繰越利益	200
合計	600	合計	600

会社の短期の支払い能力を見る水準であり、二〇〇％以上あれば支払い能力がある、とのことです。現金一〇〇万円＋売掛金五〇〇万円＝六〇〇万円、買掛金三〇〇万円、六〇〇／三〇〇×一〇〇＝二〇〇％となりますが、**売掛金が貸倒れとなり回収できなければ会社は倒産します。**

現金あるいは預金が会社の強さを示す指標と思います。だからこそ、現金の保有が必要です。現金があるからと言って、固定資産や株式投資、積立生命保険などは急いで行うのでなく、会社の資

金繰りを検討したうえで行って欲しいと思います。

中小企業には未回収（貸し倒れ）のリスクがあります。さまざまな観点からの企業分析がありますが、中小企業の場合は、このような数値は当てはまるとは言えません。どんなに赤字であっても、代表者から借入を行い営業活動を行っている会社もあります。中小企業の力強さは、現金をどれくらい所有しているかで決まります。

【経営者は常に現金残高を把握している】

今期の売上や利益がどれくらいあるかは、経営者にとって大切な問題です。年間計画や来期の事業計画は、必ず売上高が検討されて目標数値の第一番目になります。

しかしながら、**会社が存続するには現金が回らなければ事業経営は成り立ちません。売上や利益は目標であって、結果は現金残高です。**安定した経営を行うためにはどれだけの現金が残っているかが重要です。

補助金・助成金の活用

コロナ禍になってから、補助金や助成金を活用する会社が増加しました。同時に多くの種類の補助金・助成金が政府や東京都から供給されています。

ＩＴ導入補助金、小規模事業者持続化補助金の他にもさまざまなものがあります。実際に支出した費用の三分の二が補助されるものが多いです。数千万円の補助金をもらって、事業転換した経営者や新規事業を立ち上げた経営者がいます。数百万円の補助金をもらっている経営者など何人かいますので、是非検討してください。

【新規社員の雇用は助成金】

正社員を新たに雇う時は、キャリアアップ助成金を活用することができます。新人教育、社員研修などを実施する場合に計画書を作成して国に申請することで、研修助成金がもらえます。

補助金・助成金は、申請期限があります。「忙しい」「どの助成金に当てはまるかわからない」などの理由で受給もれが多いようです。是非検討してください。

【企業の寿命】

起業して十年後の生存率は六・三％、三十年後は〇・〇二％だそうです。「企業の寿命三十年」説は一九八三年に日経ビジネスが唱え、「企業が繁栄のピークを謳歌できる期間は三十年」に過ぎないとのことです。

「寿命」が三十年といっているわけではありません。十年、二十年と続いている会社は山ほどありますが、廃業に追い込まれている会社も山ほどあることを私たちは知らないだけなのでしょう。

「中小企業白書」によると二〇二二年の廃業率は三・三％。十年で三十〜三十三％の会社がなくなります。**三十年するとすべての会社が入れ替わることとなります。**

現役の頃、一か月に五十件の会社が新たに設立されて、そのまま一度も申告書が提出されず、数社を職権で処理した覚えがあります。

二〇〇六年に資本金の制限が撤廃されたことにより、一円で会社が設立できるようになりました。当時は、またかと思うほど名前だけの会社がたくさんありました。会社を設立しても、実態や実績がないように思えました。

会社を設立し事業を行っても、なかなか銀行が法人名義の口座を開いてくれません。

経営には事業資金が必要です。最低資本金一〇〇〇万円の導入を考える必要があると思います。

あとがき

最後に私の個人的意見です。普段から思っていることです。

年末調整の簡略化

年末調整は、企業の経理担当者が行っています。十二月になると社員から扶養届などの書類を提出してもらっています。企業が年末調整を行うには大変な労力が必要です。

さらに、配偶者控除、障害者控除、扶養控除、住宅ローン控除等の各種控除は、個人のプライバシーにかかる面が大きいです。また、扶養親族が、パート、アルバイトで所得があると、税務署から会社宛てに通知が行きます。

年末調整は、必要最低限で良いと思います。例えば、**社会保険などは二分の一を会社が**

負担しています。このように給料から天引きし、会社の経理と直接かかわる項目だけを年末調整の対象とし、他は医療費控除のように確定申告で調整するようにすれば、会社経理の負担軽減と、個人のプライバシーの保護になります。

年末調整対象項目は、基礎控除、社会保険料控除、生命保険料控除など。

若者離れの社会保険料

若者の社会保険料の未払い、特に、将来もらえるかわからない年金が問題となっています。**現在、賦課方式が採用されていますが、積立方式に変更し、若者に必ずもらえると言う「安心感」を与える必要があると思います。**健康保険は自分で支払ったけれど、年金は払いたくない、と話していた若者がいます。秋になって親が支払ったそうです。

また、国民健康保険でも、高額所得者でこんな人がいました。**国民健康保険を最大金額の一〇〇万円を支払っている。毎年、歯医者しか行かないので、医療費の支払は年間二〜**

三万円。本人負担は三十％だから、国民健康保険に入らず全額支払っても年間十万円程度の医療費。これなら国民健康保険に入らなくても良い、と健康な人が言える言葉ですが、うなずける面があります。十年続けば一〇〇〇万円近くの差が発生します。

若者は医療費の三十％負担、高齢者は十％負担、この差額は大きいです。本当に必要な医療は十分行うべきですが、不必要な医療は削減すべきと思います。
高齢者の中にも、将来の子供たちのために、社会保険を子供たちに充実させたいと話している人が多いです。ただ、政府が社会保険改革に手を付けてないだけです。高齢者の投票率が高く、若者の投票率が低いから、若者の意見を取り入れてないので実態が分からないのでしょう。

将来必ず年金がもらえる「安心感」と、安定的に支払う健康保険の「掛金の確保」を目的に、健康保険賦課限度の上限を一五〇万円まで引き上げ、「掛金の所得割の保険料率を減額し、医療分・高齢者支援分・介護分の保険料率の合計を十％」までとして、所得額一五〇〇万円以上の場合で最大掛金一五〇万とする。

一方、所得五〇〇万円以下の掛金の保険料率を五％に引き下げる（所得額五〇〇万円～一五〇〇万円の保険料率は五～十％のスライド制）改正なども検討課題と思います。

将来の年金給付方式の変更と、低所得者の社会保険の掛金の減額を行わないと、ますます若者の社会保険離れが続くと思います。

社会保険には、国民健康保険、健康保険組合、全国健康保険協会、共済組合、船員保険、後期高齢者医療制度などがあります。

国民健康保険は、自治体によって所得割の保険料率に差があります。

社会保険の六割は掛金から、四割は国や地方自治体の税金で賄われていると言われています。このような実情であるならば、各自治体の所得割の保険料率を全国統一としても良いのでは、と思います。

【新宿区】

	医療分	支援分	介護者
均等割	49,100 円×世帯加入者	16,500 円×世帯加入者	16,500 円×40～60 歳の世帯加入者数
所得割	基礎金額×8.69%	基礎金額×2.80%	40～60 歳の基礎金額×2.16%
所得割合計	**13.65%**		
賦課限度額	65 万円	24 万円	17 万円

【府中市】

	医療分	支援分	介護者
均等割	23,700 円×世帯加入者	7,440 円×世帯加入者	9,840 円×40～60 歳の世帯加入者数
所得割	基礎金額×5.05%	基礎金額×1.64%	40～60 歳の基礎金額×1.64%
所得割合計	**8.33%**		
賦課限度額	65 万円	22 万円	17 万円

国税と地方税の申告一本化

税率は、国税は五〜四十五％の累進税率、地方税は十％の定率です。

ところで、基礎控除や保険料控除など、国と地方に金額の相違があります。所得控除の**金額に差が生じると「課税される所得金額」が異なりますので、計算が二度手間です。**

個人の所得税の計算を国と地方で同一とすることで、計算が楽になり、納税者も納付額がどれくらいになるか把握しやすくなります。

東京以外の地方は、国からの地方交付金を受けています。個人の所得税確定申告書の計算を国と地方で別にする理由は何もないと思います。

非課税額の引き上げ

政府は毎年のように、最低賃金を引き上げています。東京は一一一三円です。せっかく最低賃金を引き上げても、**非課税枠が一〇三万円であれば、主婦などのパート、アルバイトの人は十一月に所得調整を行います。賃金が上がれば上がるほど、十一月から十二月に所得調整で休む日数が増加することとなります。**

企業は十二月が年末で一番忙しい時期です。特に飲食業やデパート、スーパーはお歳暮合戦で汲々としています。このような現実であるならば、賃金を引き上げても何の意味もありません。税金非課税枠（一〇三万円）と社会保険料（一〇六万円）の壁をせめて二〇〇万円まで引き上げて、思い切り働けるようにする必要があると思います。

配偶者控除、配偶者特別控除、二十三才から七十才の扶養控除の撤廃を考えることも一案と思います。

三十才の若者が働けるのに働かないで家でダラダラして、高所得者の親が扶養控除を受けています。もちろん病気やけがで働けない者もいます。だからこそ、障害者には手厚い保護が必要です。年収三〇〇万円に満たない人が必死で働いているのが現状です。思い切った対策が必要と思います。

政府は二〇三〇年半ばまでに最低賃金一五〇〇円を目標にしていますが、そんなことを言っている場合ではありません。アメリカ二三〇〇円、イギリス二一〇〇円、先進国は二〇〇〇円以上が現状です。せめて二〇三〇年までに二〇〇〇円に上げなければ、国際競争力で負けてしまいます。一〇三万円、一〇六万円の枠を撤廃しなければ意味がありません。**給料を上げて税金と社会保険料を取ろうとする国の国策なのだろうと考えてしまいます。**

さて、無理して賃金を二〇〇〇円に上げると、中小企業は大きな痛手となります。賃金の支払いは出来ないでしょう。賃金を上げなければ人が来ません。中小企業は倒産するでしょう。

そこで、賃金上昇分の五十％を政府が補助金として支給し、賃金上昇は二〇三〇年までに二〇〇〇円とし、二〇三〇年以降は、補助金を過去の上昇分の五十％を二〇三五年まで支給、この五年間で企業の体力をつけてもらう、このような抜本的な工夫が必要ではないだろうか、と思います。

さらに、分離課税をなくし、総合課税の一本化を行い、**一億円の壁を撤廃する必要があります。金融所得は「株式市場活性化のため」として、分離課税が行われていますが、この分離課税があるために株式保有者、配当所得者などの富裕層は、累進税率の高い給料をもらうより、配当所得で二十％の低い定率で税金を納める方法を取っています。**

税金の計算は年々細かく複雑になっています。インボイスが導入され、定額減税が追い打ちをかけて、中小企業の経営者、経理担当者、個人事業主の人たちは、経理の計算、税金の計算であくせくしています。

法律を作る者は、複雑な計算に時間をかけて理屈に合う法律を作っていますが、実行するのは、経理に専門の人がいない中小企業です。経営者は事業に忙しく、経理に時間を割くほど人数がいません。だれもが簡単に作成できる申告書にする必要があると思います。

健康保険も同じく計算が難しいです、国民年金は納付が年間約二十万円の定額で分かりやすいですが、もらう時にさまざまな方法があって、一般の人にとって分かりづらいです。申請を一旦間違えるともらえなくなることがあります。

一般の人に直接関わる税金関係と社会保険関係が、複雑で細かく一番分かりづらくなっています。税金と社会保険こそ簡略化し、だれでも簡単に分かりやすく計算しやすくするべきと思っています。税理士と社会保険労務士の仕事を政府が作っているようなものです。

ＡＩによる選定・調査・節税

以下のようにＡＩを使用してみました。

【個人事業者の調査選定】

質問：税務署の個人事業者の調査選定は、どのように行われますか？

ＡＩ回答：税務署の個人事業者に対する調査選定は、以下のような要素をもとに行われます。

⑴**申告内容の異常**：申告書における収入や経費の額が過去と比べて大きく変動している場合、税務署は詳細な調査を行うことがあります。

⑵**税務調査のリスク評価**：過去の調査結果や業種、地域、事業の規模などに基づいて、税務署がリスクが高いと判断した事業者が選ばれることがあります。

⑶**第三者からの情報**：取引先や従業員、近隣の企業からの情報提供や通報があった場合、それにもとづいて調査が行われることがあります。

⑷**税務署の内部基準**：税務署内で設定された基準や指針にもとづき、調査対象が選定されます。

⑸**統計データの分析**：税務署が収集する業界全体の統計データをもとに、特定の業種や地域における異常値を発見し、その事業者に対する調査が行われることがあります。

これらの要素を総合的に評価し、調査が実施されるかどうかが決まります。

【法人の調査選定】

質問：税務署の法人の調査選定は、どのように行われますか？

AI回答：税務署が法人の調査を選定する際には、いくつかの要因が考慮されます。一般的には以下のような基準が用いられます。

(1)**申告内容の不自然さ**：税務申告に不自然な点や疑わしい取引がある場合。

(2)**過去の税務調査結果**：過去に指摘された問題が再発している場合。

(3)**業種や取引内容**：リスクが高いとされる業種や取引を行っている法人。

(4)**売上高や利益の急激な変動**：売上高や利益に急激な変動が見られる場合。

(5)**特定の業界や地域**：特定の業界や地域での調査強化が行われることがある。

税務署はこれらの基準をもとに調査の対象を選定し、法人の税務状況を確認します。

【調査の方法】

質問：税務署が調査を行う場合は、どのような方法で行いますか？

AI回答：税務署が税務調査を行う方法にはいくつかのステップがあります。

⑴**通知**：税務調査を行う前に、税務署から事前通知が送られることが一般的です。通知には調査の日程や対象となる書類、質問事項などが含まれます。

⑵**訪問**：通知にもとづき、税務署の担当官が企業や個人の事務所や自宅を訪問します。訪問の際には、税務署の職員が身分証明書を持参し、調査の目的や範囲について説明します。

⑶**書類の提出**：税務署から要求された書類や記録を提出します。これには、帳簿、領収書、請求書などが含まれます。

⑷**ヒアリング**：税務署の担当官が、税務関連の質問を行ったり、取引の内容について説明を求めたりします。

⑸**確認と検証**：提出された書類や情報をもとに、税務署が調査を行い、必要に応じて追加の情報や書類の提出を求めることがあります。

⑹**調査結果の通知**：調査が終了すると、税務署から調査結果や指摘事項が通知されます。もし、問題が見つかった場合、修正申告や追加の納税が求められることがあります。

調査の目的は、申告内容が正確であるかどうかを確認することであり、違反があった場合には適切な対応が取られることになります。

【個人事業者や法人の節税対策】

質問：個人事業者や法人の節税対策の方法について、教えてください。
ＡＩ回答：個人事業者や法人の節税対策にはいくつかの方法があります。主なものを以下に示しますが、具体的な対策については専門の税理士に相談するのが最適です。

【個人事業者の節税対策】

⑴**経費の計上**：事業に関連する支出を経費として計上することで、所得を減少させることができます。例としては、業務に使う車両やパソコン、事務所の賃借料などがあります。
⑵**青色申告の利用**：青色申告を選ぶことで、六十五万円の控除や事業専用の帳簿の作成、赤字の繰越などのメリットがあります。
⑶**家族への給与支払い**：事業に従事する家族に適正な給与を支払うことで、給与分を経費として計上できます。
⑷**退職金の準備**：退職金の積み立てを行うことで、将来の支出に備えるとともに、税負担を軽減することが可能です。

⑸**設備投資**：設備の購入や更新に際して、税制優遇措置を利用することで、一定の税額控除を受けることができます。

【法人の節税対策】

⑴**法人税の控除**：研究開発費や設備投資に対する税額控除を利用することで、法人税の軽減が可能です。
⑵**役員報酬の設定**：役員報酬を適正に設定し、会社の経費として計上することで、法人税の負担を軽減できます。
⑶**利益の繰越**：赤字を翌期に繰り越すことができる「欠損金の繰越控除」を利用することで、将来の税負担を軽減できます。
⑷**福利厚生の充実**：社員や役員の福利厚生にかかる費用を経費として計上することで、課税所得を減少させることができます。
⑸**資産管理**：資産の管理方法を工夫し、税制優遇を受けられるような運用を行うことも重要です。

これらの対策を実施することで、節税効果が期待できますが、税制は複雑で頻繁に変わるため、専門家の助言を受けることが非常に重要です。

チャットＧＰＴで調べてみました。具体的な内容までは書いてありませんが、さまざまな方法論が書いてあります。是非参考にしてください。

著者紹介

堀　周策　1958年　新潟県出身
昭和57年　東京国税局配属
令和元年7月退官　同年12月税理士登録
【事務所】
〒207-0032
東京都東大和市蔵敷3-880-4
URL:https://tamakaikei.com/

税務調査と節税対策

二〇二五年一月二十日　初版第一刷発行

著　者　堀周策
発行者　谷村勇輔
発行所　ブイツーソリューション
〒四六六・〇八四八
名古屋市昭和区長戸町四・四〇
電　話　〇五二・七九九・七三九一
ＦＡＸ　〇五二・七九九・七九八四
発売元　星雲社（共同出版社・流通責任出版社）
〒一一二・〇〇〇五
東京都文京区水道一・三・三〇
電　話　〇三・三八六八・三二七五
ＦＡＸ　〇三・三八六八・六五八八
印刷所　藤原印刷

万一、落丁乱丁のある場合は送料当社負担でお取替えいたします。ブイツーソリューション宛にお送りください。

ISBN978-4-434-34959-1